はじめてでも かんたん！ おしゃれ！

DIY
家具&リフォーム

西東社

Contents

- 4 本書の使い方

6 DIY ROOM

- No.1 sora-rararaさんの ナチュラルスタイル
- No.2 末永京さんの ガーリースタイル
- No.3 go slow and smileさんの ブルックリンスタイル
- No.4 Hisayoさんの 北欧スタイル
- No.5 ゆぴのこさんの ヴィンテージスタイル

19 Part.1 家具＆小物DIY

- 20 DIYで家具＆小物を作ろう！
- 22 キャスター付き隙間収納
- 26 キッチンワゴン
- 32 マガジン ディスプレイラック
- 34 スツール
- 36 ガラスキャビネット
- 44 ラダーシェルフ
- 46 オープンラック

- 48 折りたたみ式ローテーブル
- 50 収納付きベンチ
- 52 シェルフ
- 56 コンソールテーブル
- 58 ルーバー
- 60 折りたたみ式ごみ箱
- 62 ハンガーラック
- 64 テレビボード
- 67 タオル棚
- 70 おままごとキッチン
- 77 カラーボックスリメイク
- 80 キッズデスク＆チェア
- 84 ティピー
- 86 ランドセルラック
- 89 アクセサリーボックス
- 92 ディッシュラック①
- 94 ディッシュラック②
- 98 卓上収納ケース
- 100 キャスター付きウッドボックス
- 102 グリーンスタンド
- 104 マガジンラック

106	**100均リメイク**
106	鍵収納
110	道具箱
112	キッチンショーケース
114	すのこ収納
116	卓上収納
118	飾り棚①
119	飾り棚②
120	すのこ棚

121	**Part.2 DIYリフォーム**
122	DIYでリフォームしよう！
124	ビニール壁紙を貼る
130	フリース壁紙を貼る
133	壁にペンキを塗る
136	飾りドア
138	窓枠を作る
140	タンクレス風トイレ
142	キッチンリフォーム
	Step1　床にクッションフロアを敷く
	Step2　備え付けキッチンを 　　　　リフォーム

	Step3　キッチンカウンターを作る
152	和室リフォーム
	Step1　壁に漆喰を塗る
	Step2　畳をフローリングにする
160	ふすまリメイク
162	ウッドデッキを作る
166	Column　パーツショップ紹介

167	**Part.3 DIYの基本**
168	基本の道具
171	木工の基本
179	ペイントの基本
183	タイルの基本
185	ホームセンターの使い方

189	DIY用語集
190	Designer's Profile

※本書に掲載している材料等の情報は、2019年4月時点のものです。現在では販売されていない場合や、仕様などが変更されている場合があります。

Let's try DIY！

本書の使い方

1 作品情報

作品を制作する際に目安となる情報を記載しています。

- 材料費は購入する場所によって異なります。
- 制作時間は各作家が制作に費やした時間です。

2 木取り図

木材には規格サイズがあり、多くの場合、角材は長さ910mm、1820mm、合板は910×1820mmで売られています。そこから作品の部材を切り出すために必要な木材の量を表したのが木取り図です。

- 木材のサイズは地域や購入する場所によって異なるため、木材のサイズに合わせて木取り図を変更する必要があります。
- 木材から部材を切り出す際、ノコギリや丸ノコの刃の厚み分が削られます。そのため、木取り図は、部材と部材の間に刃の厚み分にあたる約5mmを考慮します。例えば、1820mmの木材を真ん中で2つに切った場合、910mmが2枚ではなく、約907.5mmが2枚できることになります。
- ホームセンターのカットサービス（→ P187）を利用する場合、1カット単位で価格が設定されていることが多いため、切る回数が少ないほどお得になります。同じサイズを数枚まとめて切っても1カットなので、カット数が少なくなるよう木取り図を工夫しましょう。

3 作り方

作り方の手順を示しています。作り始める前に必ず目を通しましょう。木工の基本的な工程に関しては、全作品共通の事項として「作り方」には記載していません。制作時には、下記の工程を必ず実行するようにしましょう。

基本の工程

木材はサイズに合わせて切っておく。 ホームセンターで木材を購入する場合、ホームセンターの木材カットサービスを利用すると、手間がはぶけ正確なので便利。

木材を切った後は、**切り口に紙やすりをかける。** 紙やすりは、番手の違う複数枚を持っておくと便利。まずは#120で削り、#240で仕上げるのがおすすめ。

棚板や脚などの取り付け位置やネジ（釘）穴、ダボ穴の位置は **事前に鉛筆で印を付ける。** 現物合わせ（→P189）のほうがいい場合は工程に記載。

木ネジや釘を打つ前に、**ネジ（釘）穴の位置に下穴をあける。**

下穴、ダボ穴は組み立てる前にあけておく（→P174）。ダボ穴はダボビット、または、ドリルビットであける。

釘、木ネジで固定する際は、**接着剤で接着してから釘、木ネジを打ち込む。**

塗料を塗る面には、 塗料のノリをよくするため、**塗る前に#240の紙やすりをかける。**

DIY ROOM No.

1

木のぬくもりにあふれた
居心地のいい空間

sora-rararaさんの
ナチュラルスタイル
Natural Style

気に入った市販の家具を見よう見真似で作ったり、好きな部分を組み合わせてオリジナルの家具にしたりと、試行錯誤しながら腕を磨いたsora-rararaさん。理想が形になっていく面白さにハマり、今は何でもDIYしています。

Date

住まい：一戸建て／5LDK
DIY歴：4年

オープンラック
→作り方は **P46**

LIVING

白と木目を基調とした明るい空間は、家族の団らんを増やしてくれそうな
ほっこりとした雰囲気。アウトドア好きなsora-rararaさん一家には
持ち運びできるアイテムが多く、室内でも外でも活躍しています。

DIY ROOM No.1 | Natural Style

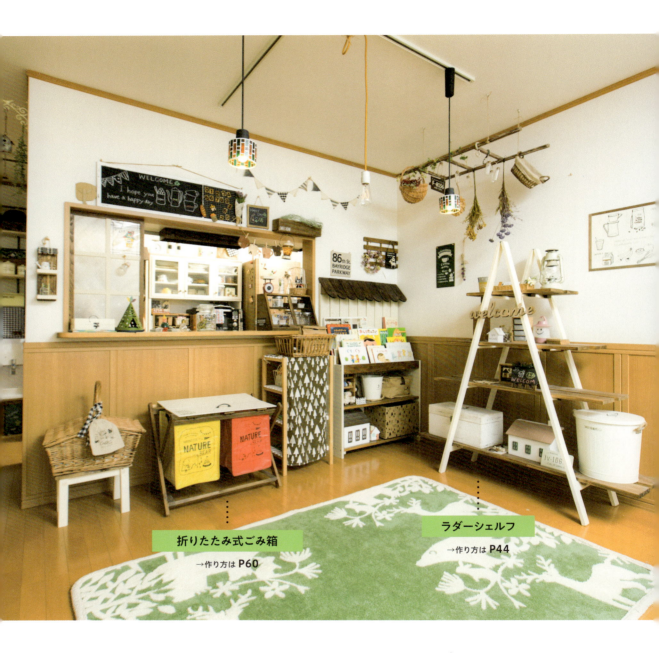

折りたたみ式ごみ箱
→作り方は **P60**

ラダーシェルフ
→作り方は **P44**

KITCHEN

キッチンカウンターの周りに黒板やガーランドを飾ってカフェ風に。
ラダーシェルフをはじめ、家具の色や素材感が揃っているので、
好きなものをいろいろと飾っても全体に統一感があります。

キッズデスク&チェア
→作り方は **P80**

KIDS ROOM

ふたりの娘さんが机を並べる子ども部屋も
シンプル&ナチュラルなスタイル。
引き出し付きの机は、片付けやすく、いつでもすっきり。

ハンガーラック
→作り方は P62

DIY ROOM No. 2

マガジンラック
→作り方は P104

やさしい色合いと
小物使いでセンスUP

末永京さんの
ガーリースタイル
Girly Style

DIYアドバイザーの末永京さんは、家具だけでなく、床や壁など家中のいたるところをDIY。参考にしているのは、海外の住宅。好きな空間で過ごす喜びを、家のどこにいても感じられるのがDIYの醍醐味だそうです。

Date
───────────────
住まい：一戸建て／4LDK
DIY歴：20年

DIY ROOM No.2 | Girly Style

LIVING&DINING

収納がたっぷり付いたキッチンカウンターも、奥の壁側の棚も、自作。
インテリアの好みが変化し、自然とさまざまなスタイルが
ミックスされても、全体的にはヨーロッパ風の優しい雰囲気に。

ルーバー
→作り方は **P58**

窓枠リメイク
→作り方は **P138**

KIDS ROOM

ポップでキュートな子ども部屋は、パステルカラーの壁に
小物のビビッドカラーが効いています。壁はカッティング
シートやペンキで、気分に合わせて変えるそうです。

ランドセルラック
→作り方は **P86**

DIY ROOM No.

3

ヴィンテージ感×グリーンが
スタイリッシュ

go slow and smileさんの
ブルックリンスタイル

Brooklyn Style

神奈川県湘南の海近くで暮らすgo slow and smileさんは、古材や流木を用いた家具や雑貨の制作が得意。随所に飾られたアンティーク調のアイテムとの相性も抜群で、家全体がセンスのいい空間にまとまっています。

Date

住まい：一戸建て／2LDK＋ロフト
DIY歴：5年

収納付きベンチ
→作り方は **P50**

LIVING&DINING

キッチンカウンターからフローリングまで、すべてDIY。ユーズド感のある家具を置いて、全体を白、茶、黒で統一すると、スタイルがまとまりやすくなります。
DIYなら人気のガラスキャビネットも自分好みに！

DIY ROOM No. 4

フォルムの美しさが
シンプルを引き立てる！

Hisayoさんの
北欧スタイル
Scandinavian Style

難易度の高い北欧デザインの家具を、ほぞ組みという上級技術で作り上げるHisayoさん。技は木工教室に通って習得したそうです。美しい仕上がりの家具はまるで市販品のようで、北欧雑貨とのコーディネートもバッチリ。

Date
住まい：マンション／2LDK
DIY歴：14年

シェルフ
→作り方は **P52**

LIVING

シンプルなインテリアで統一された部屋は、
グリーンがよく映える、心地いい空間に。
ボタンのような壁飾りや手作りのフレームアートなど、遊びも入れて。

テレビボード
→作り方は P64

アクセサリーボックス
→作り方は P89

DIY
ROOM
No.

5

アイアンやブラックが
空間を引き締める

ゆぴのこさんの
ヴィンテージスタイル
Vintage Style

ネットショップ「Y.P.K.WORKS」を運営する
ゆぴのこさん。ショップではアイアンやガス管
を使ったインダストリアルなアイテムが人気
ですが、自宅では男前やカフェ風、BOHOな
ど、さまざまなインテリアを楽しんでいます。

Date

住まい：一戸建て／5LDK

DIY歴：5年

LIVING

木製の家具や大きなソファではヴィンテージ感を演出。
机や椅子の脚、窓枠や照明に、アイアンや黒いアイテムを
取り入れることで全体が引き締まり、
カッコいい空間に仕上がります。

スツール
→作り方は **P34**

キャスター付きウッドボックス
→作り方は P100

卓上収納ケース
→作り方は P98

キッチンワゴン
→作り方は P26

マガジンディスプレイラック
→作り方は P32

KITCHEN

素材を古材とアイアンで揃え、全体をすっきりと見せることで、
素朴な温かみとスマートさを両立させています。
コンクリートのように見える壁は、壁紙を貼っただけ！

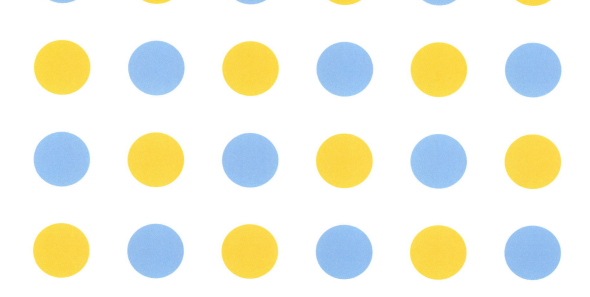

Part.1
家具&小物DIY
Furniture & Home Goods

初心者でも簡単に作れるものから、慣れてきたら挑戦してほしい
大物家具まで、さまざまなテイストのアイテムをご紹介。
きっと作りたい作品が見つかります！

Let's try DIY！
DIYで家具&小物を作ろう！

どうやったら理想の家具が作れるか、大まかな流れを見てみましょう。

 作りたいものを イメージする

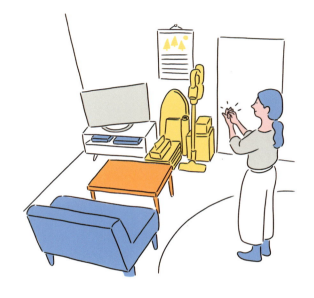

どの部屋のどこに置く、どんなものを作りたいか、あらかじめイメージしておきます。「5W1H」=「いつ(When)」「どこで(Where)」「誰が(Who)」「どのように(How) 使う」「何を(What)」「なぜ(Why)」作りたいのかを整理してみましょう。

 イメージに合う 作品を探す

本書の中から作りたいアイテムを探します。難易度を★マークで示しているので、自分のレベルに合ったものから挑戦してみてください。DIY初心者でも簡単に作れるものから上級者向けまで揃えています。このとき制作時間や道具などをざっと確認しておくと、あとあと困りません。

Enjoy!
Your DIY Life

STEP 3 置きたい場所のサイズを測る

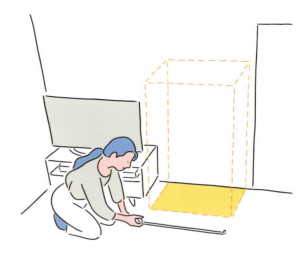

決めたアイテムが収まるかを確認するため、置きたい場所のサイズを測っておきましょう。幅、高さ、奥行きの3点を測るのが基本です。慣れてきたら、幅だけ狭くするなど、自分サイズにアレンジもできるようになります。

STEP 4 道具や材料を揃えていざスタート！

必要な道具や材料を用意します。ホームセンターはたいていのものが揃い、DIY向けの便利なサービスもあるので活用しましょう（→P185）。本書の作りたいアイテムの「材料」と「木取り図」をスマホで撮影してからホームセンターに行くのがおすすめです。材料が多い場合や重い木材などはネットショップで購入するのも便利。室内で作業するときは、部屋が汚れないようブルーシートなどを用意しておきましょう。

初心者は「Part.3 DIYの基本」を読んでからスタート！

Kitchen 01

キャスター付き隙間収納

隙間の幅に合わせて側板の幅を変えるだけで、自宅のデッドスペースを有効活用できます！

Creator
go slow and smile さん
材 料 費：4500円
制作時間：半日
難 易 度：★☆☆☆☆

道具

① 差し金
② クランプ（→ P169）
③ ノコギリ（または丸ノコ）
④ 電動ドリルドライバー
⑤ ハンドサンダー（紙やすり）（→ P170）
⑥ ハケ
⑦ ウエス
● 鉛筆
● メジャー
● 下穴用ドリルビット 3mm
● ドライバービット #2
● 木工用接着剤

材料

仕上がりサイズ
W574×H1788×D108mm

Ⓐ 側板：SPF（19×108×1785mm）…2枚
Ⓑ 横板：SPF（19×89×534mm）…7枚
Ⓒ 背板：SPF（19×89×1740mm）…6枚
● 木ネジ（41mm）…112本
● 取っ手…1個
● キャスター（48mm）…6個
● ワトコオイル

Cut List 木取り図

■…端材の部分　※単位はミリ

SPF 1×6材（19×140×1820mm）×2枚

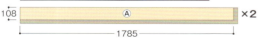
108　Ⓐ　×2
1785

SPF 1×4材（19×89×1820mm）×3枚

89　Ⓑ
89　Ⓑ　Ⓑ　Ⓑ　×2
534

SPF 1×4材（19×89×1820mm）×6枚

89　Ⓒ　×6
1740

※すべての木材に紙やすりをかけておく。

Kitchen 01　キャスター付き隙間収納

Drawing 組み立て図

■ …接着面
● …ネジ(釘)穴の位置
※単位はミリ

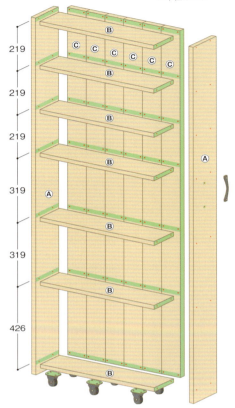

※下穴は組み立てる前に開けておく(→P5)。

How to make 作り方

Process 下準備

① ハケですべての木材にワトコオイルを塗る。乾いたら余分をウエスでふき取る(→P181)。

Process 組み立てる

② 側板Ⓐ1枚に横板Ⓑ7枚をⒶ側から木ネジ2本ずつで固定する。

③ 反対側にもう1枚の側板Ⓐをのせ、Ⓐ側から横板Ⓑに木ネジ2本ずつを打ち込み固定する。

• POINT •

一番下の横板Ⓑは、キャスターを付けたとき、キャスターが側板Ⓐの下から少しはみ出すような位置にする。

④ ③を寝かせ、背板ⓒ6枚を仮置きして位置を決める。

⑤ ④の背板ⓒを1枚外し、横板の位置を確認しながらⓒ側からすべての横板に木ネジ2本ずつを打ち込む。6枚分繰り返す。

⑥ 1番下の横板の4隅と中央にキャスター6個を取り付ける。

• POINT •

背板の木ネジを打つ位置は、一つひとつ測るより棚板と同じ厚さの端材を使い、現物合わせ(→P189)で決めると効率的で狂いも少ない。

⑦ 側板の使いやすい高さに取っ手を取り付ける。

Finish!

• POINT •

両方の側板に取っ手を付けておくと、中身を隠しておきたいときに向きを変えればいいだけなので便利。好みでどちらかだけでもOK。

Kitchen 01

キャスター付き隙間収納

キッチンワゴン

木材とアイアン素材を組み合わせた、カフェ風のキッチンワゴン。食材や調味料の収納はもちろん、作業台やサイドテーブル代わりにも便利！

Creator

ゆぴのこさん

材 料 費：10000 円
制作時間：4 時間
難 易 度：★★★★★

> **Point**
>
> 木材の種類によって、塗料の色の出方が異なり、特に杉材は塗料が染み込みやすく色が濃く出ます。水性の塗料は水、油性は専用の薄め液を使って、好みに合わせて調整しましょう。
> →塗料の種類は **P180**

Kitchen 02 キッチンワゴン

道具

① メジャー
② クランプ
③ 電動ドリルドライバー（またはインパクトドライバー）
④ 下穴用ドリルビット 3mm
⑤ ドリルビット 6mm・8mm（またはダボビット）・10mm
⑥ ドライバービット #2
⑦ ゴムハンマー
⑧ ハンドサンダー（紙やすり）
⑨ スポンジバケ（またはハケ）
⑩ ボール紙（養生用→ P189）
⑪ ビニール手袋
● 鉛筆
● ノコギリ
● ダボ切りノコギリ
● 木工用接着剤
● ウエス

材料

仕上がりサイズ W600×H850×D360mm

Ⓐ 天板：杉材（24×105×600mm）…2枚
Ⓑ 天板：杉材（24×150×600mm）…1枚
Ⓒ 底板・幕板：杉材（33×33×494mm）…4本
Ⓓ 底板：杉材（24×90×494mm）…3枚
Ⓔ 側板：杉材（33×33×746mm）…4本
Ⓕ 幕板・補強材：杉材（33×33×270mm）…4本
Ⓖ 棚受け：杉材（27×42×270mm）…4本
Ⓗ 底板（引き出し）：針葉樹合板（12×312×448mm）…2枚
Ⓘ 前板・背板（引き出し）：杉材（12×60×472mm）…4枚
Ⓙ 側板（引き出し）：杉材（12×60×312mm）…4枚
● 引き出しレール（300mm）…2セット
● 丸鋼（Φ6×740mm）…4本
● キャスター（Φ75mm）…4個
● かすがい（180mm）…1本
● 木ネジ（41mm）…56本
● 木ネジ（12mm）…16本
● 木ネジ（16mm）…16本
● 木ネジ（25mm）…28本
● ダボ…（8mm）…56個
● ワトコオイル

Cut List 木取り図

■ …端材の部分　※単位はミリ

杉材(24×105×3000mm)×1枚

杉材(24×150×3000mm)×1枚

杉材(24×90×3000mm)×1枚

杉材(33×33×2000mm)×3本
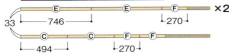

杉材(33×33×1000mm)×1本
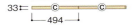

杉材(27×42×2000mm)×1本

杉材(12×60×2000mm)×1枚

針葉樹合板(12×910×1820mm)×1枚

Drawing 組み立て図

■ …接着面
● …ネジ(釘)穴の位置
● …ダボ穴の位置
※単位はミリ

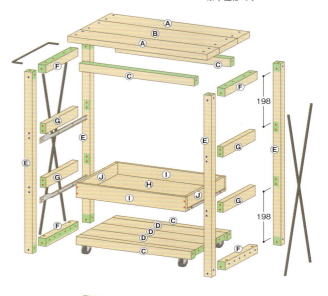

※すべての木材に紙やすりをかけておく。
※下穴、ダボ穴は組み立てる前に開けておく(→P5)。

How to make 作り方

Process 外枠を作る

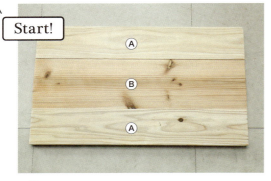

① 天板を作る。Ⓐ2枚の間にⒷを挟み、接着剤で接着し、クランプで固定する。

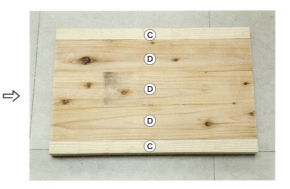

② 底板を作る。Ⓒ2本の間にⒹ3枚を挟み、接着剤で接着し、クランプで固定する。

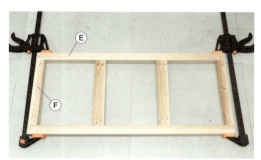

④ ③と同様にして、側板をもう1組作る。

⑤ ④の側板2組で②の底板を挟み、側板側から41mmの木ネジ8本ずつを打ち込み固定する。

⑥ ⑤の上部に幕板Ⓒ2本を合わせ、側板側から41mmの木ネジ1本ずつを打ち込み固定する。

③ Ⓔ2本とⒻ2本で枠を作って間にⒼ2本を置き、Ⓔ側から41mmの木ネジをⒼに2本ずつ、Ⓕに1本ずつ打ち込む。

■ …接着面
● …ネジ(釘)穴の位置
● …ダボ穴の位置

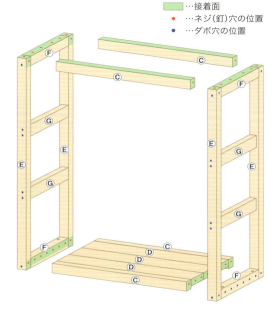

Process 引き出しを作る

⑦ 底板Ⓗの短辺に側板Ⓙ2枚を垂直に合わせ、Ⓙ側から25mmの木ネジ3本ずつを打ち込み固定する。

Process 色を塗る

⑧ 前板・背板のⒾ2枚を25mmの木ネジ4本ずつで側板Ⓙに固定する。⑦⑧を繰り返し、もう1組作る。

⑨ 本体と引き出しにワトコオイルを塗る。乾いたら余分をウエスでふき取る（→P181）。

Process
パーツを取り付ける

⑩ ⑧の引き出し2組の側板側に引き出しレールを12mmの木ネジ2本ずつで固定する。

⑪ 本体の棚受けⒼ4本の内側に引き出しレールを12mmの木ネジ2本ずつで固定する。

⑫ ⑪に①の天板を乗せてクランプで固定。天板側から41mmの木ネジ12本で固定する。すべてのダボ穴をダボ処理し（→P175）、ダボ部分に塗料を塗る。

⑬ 本体の側面4隅にドリルビット6mmで深さ5mmの穴を斜めにあける。丸鋼を交差させて穴に差し込む。

⑭ 底面の4隅にキャスターを16mmの木ネジ4本ずつで取り付ける。

Finish!

⑮ 側面の片側上部にドリルビット10mmで深さ10mmの穴をあける。かすがいを差し込み、ゴムハンマーで打って取り付ける。引き出しを入れて完成。

• COLUMN •

ダボを使わず、きれいに仕上げる方法

内側や底面など組み立てたときに隠れる位置に下穴を斜めにあけ、下穴に沿って木ネジを打ち込む。

※木ネジ（41mm）70本が必要。

下穴の位置　→ …下穴の位置とあける方向

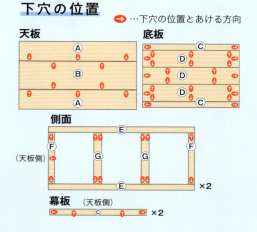

Process **下穴のあけ方** →

① 下穴ビット3mmで垂直に深さ5mmの穴をあける。一度ドリルを抜き、同じ穴にドリルを約15°に傾け、貫通穴をあける。

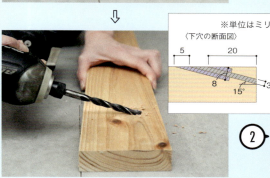

• POINT •

斜めに深い下穴をあけることで木ネジの頭が隠れ、ダボを使わなくてもきれいに仕上がる。

② ①の穴から約5mm外側にドリルビット8mmで木ネジの頭が隠れる程度の穴を①と同じ角度であける。

Process **組み立て方** →

工程はダボを使って作る場合と同じ。天板、底板は下穴が常に下側になるように組み立て、下穴に沿って41mmの木ネジを打ち込む。

ⒺⒻⒼと幕板Ⓒはすべて下穴が内側になるように組み、下穴の向きに沿って41mmの木ネジを打ち込む。

Kitchen 02 キッチンワゴン

Living **03**

マガジン ディスプレイラック

雑誌や本を飾って収納できるディスプレイ式のマガジンラックは、丸棒をアクセントに使って男前な雰囲気に。

Creator

ゆぴのこさん

材 料 費：1400 円
制作時間：2 時間
難 易 度：★★☆☆☆

道具

- 差し金
- 鉛筆
- ノコギリ
- 電動ドリルドライバー
- 下穴用ドリルビット3mm
- ドリルビット10mm
- ドライバービット#2
- ゲンノウ
- 木工用接着剤
- 紙やすり
- ハケ
- ウエス

材料

仕上がりサイズ W825×H1025×D89mm

- (A) 側板：ホワイトウッド (19×89×1006mm)…2枚
- (B) 横板：ホワイトウッド (19×89×787mm)…3枚
- (C) 天板：ホワイトウッド (19×89×825mm)…1枚
- (D) 背板：ラワン合板 (4×825×1025mm)…1枚
- (E) 丸棒：(Φ10×797mm)…2本
- 木ネジ (35mm)…16本
- 釘 (16mm)…20本
- ワトコオイル
- 水性塗料（黒）

Cut List **木取り図**

▨ …端材の部分　※単位はミリ

ホワイトウッド1×4材
（19×89×1820㎜）×3枚

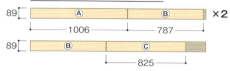

ラワン合板（4×910×1820㎜）×1枚

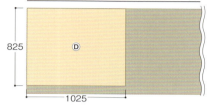

丸棒（Φ10×1920㎜）×1本

※すべての木材に紙やすりをかけておく。

How to make **作り方**

Process
色を塗る ➡

1. 側板Ⓐ、横板Ⓑ、天板Ⓒにワトコオイル、背板Ⓓと丸棒に水性塗料を塗る。

Process
下準備 ➡

2. 側板の丸棒を取り付ける位置に、内側からドリルビット10mmで深さ5mmの穴を左右計4カ所あける。

Process
本体を組み立てる ➡

3. 側板Ⓐ1枚に横板Ⓑ3枚をⒶ側から木ネジ2本ずつで固定する。

4. ②であけた穴に丸棒Ⓔ2本を差し込む。

5. 横板Ⓑの反対側にもう1枚の側板Ⓐをのせて丸棒をはめ、Ⓐ側から木ネジ2本ずつで固定する。

6. ⑤に天板ⒸをⒸ側から木ネジ2本ずつで固定する。

7. 本体を倒して背板Ⓓをのせ、Ⓓ側から釘20本で固定する。

Drawing **組み立て図**

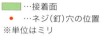
▨ …接着面
● …ネジ(釘)穴の位置
※単位はミリ

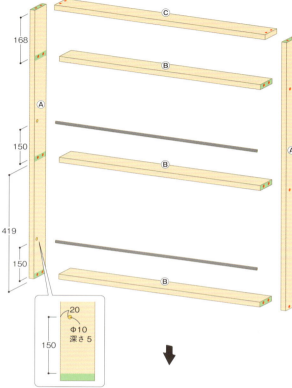

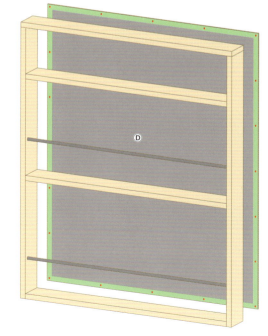

※下穴は組み立てる前に開けておく(→P5)。

Living 03
マガジンディスプレイラック

Living 04

スツール

雑貨やグリーンを置いたり、腰掛けたりと1つあると便利なスツール。杉材の質感をいかしたシンプルなデザインで、どんなインテリアにも合います。

Creator

ゆぴのこさん

材料費：2000円
制作時間：2時間
難易度：★★☆☆☆

道具

- メジャー
- 鉛筆
- ノコギリ
- ソーガイド（→P189）
- ダボ切りノコギリ
- 電動ドリルドライバー
- 下穴用ドリルビット 3mm
- ダボビット（またはドリルビット）8mm
- 木工用接着剤
- 紙やすり

材料

仕上がりサイズ
W450×H495×D240mm

- Ⓐ 脚：杉材（42×42×460mm）…4本
- Ⓑ 渡し材：杉材（42×42×145mm）…2本
- Ⓒ 渡し材：杉材（42×42×320mm）2本
- Ⓓ 天板：杉材（35×240×450）…1枚
- 木ネジ（50mm）…20本
- ダボ（8mm）…20個

Cut List 木取り図

How to make 作り方

Process 脚を作る

① 脚Ⓐ4本の両端を平行四辺形になるよう、ソーガイドを15°に合わせてノコギリで斜めに切る。同様にして、渡し材Ⓑ2本の両端を台形になるよう斜めに切る。

② 脚Ⓐ2本と渡し材Ⓑを木ネジ4本ずつで固定する。同様にもう1組作る。

③ ②の2組の脚と渡し材Ⓒ2本を木ネジ4本ずつで固定する。

Process 天板を取り付ける & 仕上げ

④ 天板Ⓓを裏返して③の脚をのせ、固定する位置に鉛筆で印をつける。

⑤ 印をつけた場所に下穴用ドリルビットで脚1本につき2カ所ずつ貫通穴をあける。同じ場所に表側からドリルビット8mmで深さ20mmのダボ穴をあける。

⑥ ③の脚の上に天板Ⓓをのせ、木ネジ1本ずつで固定する。

⑦ すべての穴にダボ処理（→P175）をする。

Drawing 組み立て図

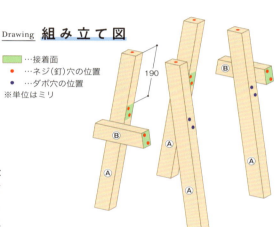
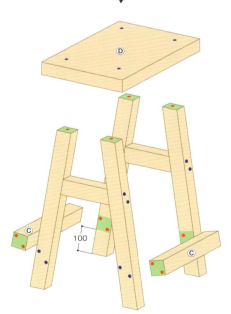

※下穴、ダボ穴は組み立てる前に開けておく（→P5）。

Living 05

ガラスキャビネット

アンティーク風のキャビネットは、お気に入りの雑貨や食器を入れて見せる収納に。インテリアの主役として活躍します！

Creator

go slow and smile さん

材 料 費：13000 円
制作時間：3 日
難 易 度：★★★★★

Point

全体のヴィンテージな雰囲気と、色が濃い目のワトコオイルを塗ることで木ネジのネジ頭はあまり目立たなくなります。それでも気になる人はダボ処理をしましょう。

→ダボ処理の詳細は **P175**

道具

① 差し金
② メジャー
③ クランプ
④ ノコギリ（または丸ノコ）
⑤ トリマー
⑥ 電動ドリルドライバー（またはインパクトドライバー）
⑦ キリ
⑧ ノミ
⑨ 金づち
⑩ ハンドサンダー（紙やすり）
⑪ ハケ
⑫ ウエス
● 鉛筆
● 木工用接着剤
● 下穴用ドリルビット3mm
● ドライバービット#2
● ダボビット8mm
● ダボ用マーカー（マーキングポンチ）

材料

仕上がりサイズ
W675×H1234×D286mm

Ⓐ 側板：SPF（19×286×996mm）…2枚
Ⓑ 底板：SPF（19×286×675mm）…1枚
Ⓒ 天板：SPF（19×286×675mm）…1枚
Ⓓ 飾り：SPF（19×38×637mm）…2本
Ⓔ 飾り：SPF（19×38×210mm）…2本
Ⓕ 脚：赤松（30×40×200mm）…4本
Ⓖ 仕切り：SPF（19×112×276mm）…2枚
Ⓗ 横板：SPF（19×276×637mm）…1枚
Ⓘ 背板：ベニヤ（2.4×655×1014mm）…1枚
Ⓙ 木枠（引き出し側面）：SPF（19×89×230mm）…6枚
Ⓚ 木枠（引き出し奥）：SPF（19×89×197mm）…3枚
Ⓛ 底板（引き出し）：SPF（19×197×249mm）…3枚
Ⓜ 前板（引き出し）：SPF（19×197×110mm）…3枚
Ⓝ 木枠（扉）：SPF（19×38×860mm）…4本
Ⓞ 木枠（扉）：SPF（19×38×240mm）…4本
Ⓟ 棚板：SPF（19×250×634mm）…2枚

● アクリル板（1.5×250×794mm）…2枚
● 木ネジ（55mm）…62本
● ダボ（8mm）…28個
● 取っ手（扉／100円ショップ「Seria」）…2個
● 取っ手（引き出し／100円ショップ「Seria」）…3個
● 蝶番…4個
● マグネットキャッチ…2個
● ワトコオイル

Cut List 木取り図

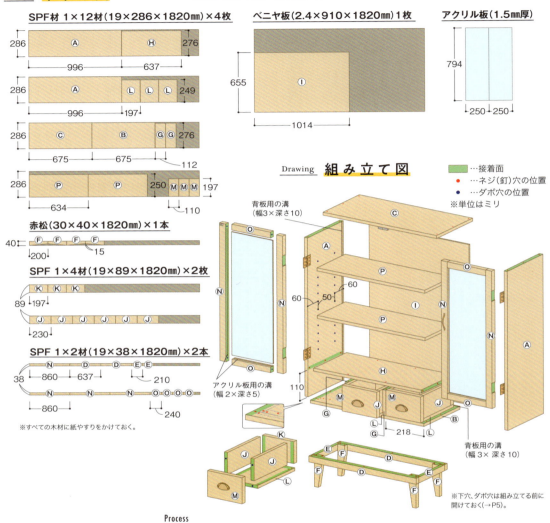

Drawing 組み立て図

How to make 作り方　Process 下準備

① 側板Ⓐ2枚、底板Ⓑ、天板Ⓒに、背板をはめる幅3mm、深さ10mmの溝をトリマーで彫る（→P178）。

② 側板Ⓐ2枚に棚板の高さを調節するためのダボ穴（→P175）を12個×2列分あける。

③ 側板Ⓐ2枚に、蝶番の大きさと厚みに合わせてノミで溝を彫る(→P43)。

POINT
溝の深さは、蝶番を閉じたときの厚みの半分に。蝶番の種類によって閉じたときの厚みが異なるため、羽の厚みにすると、扉を閉がぴったりと閉じなくなる。

Process
本体の組み立て

④ 底板Ⓑの溝を掘った面の端から19mm内側に、飾り材ⒹとⒺを取り付ける位置の印を付ける。

⑤ 飾り材ⒹとⒺを枠組みを作るように置き、その上に底板Ⓑを印を付けた面を上にしてのせ、Ⓑ側から木ネジ10本で固定する。

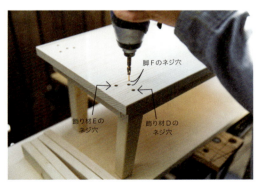

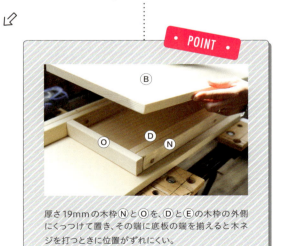

⑥ 脚Ⓕ1本をⒷ側から木ネジ2本で固定する。残りの脚Ⓕ3本も同様に取り付ける。

POINT
厚さ19mmの木枠ⓃとⓄを、ⒹとⒺの木枠の外側にくっつけて置き、その端に底板の端を揃えると木ネジを打つときに位置がずれにくい。

Living 05 ガラスキャビネット

⑦ 仕切り板Ⓖを底板Ⓑに接着剤で固定し、その上に横板Ⓗをのせてを側から木ネジ2本ずつで固定する。

⑧ 裏返して底板Ⓑ側からも仕切り板Ⓖに木ネジ2本ずつを打ち込む。

⑨ 側板Ⓐを底板Ⓑの端に溝が合うようにのせ、横板Ⓗに木ネジ3本で固定。反対側も同様に側板Ⓐを取り付ける。

⑩ 裏返して底板Ⓑ側から側板Ⓐに木ネジ3本を打ち込む。反対側も同様にする。

⑪ 背板Ⓘを上から側板Ⓐの溝を通して入れ、底板Ⓑの溝にはめ込む。

⑫ 天板Ⓒを背板Ⓘが溝にはまるようにのせ、Ⓒ側から木ネジ3本ずつを側板Ⓐに打ち込み固定する。

Process
引き出しを作る

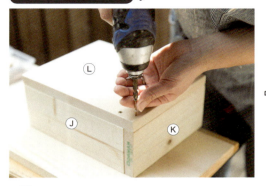 

⑬ 木枠Ⓚと Ⓙ2枚を接着剤でコの字型に固定し、底板Ⓛをのせて Ⓛ側から木ネジ2本ずつを打ち込む。

⑭ ⑬の引き出しの前面にダボ穴（→P175）を上下に4カ所あける。

⑮ ⑭のダボ穴にダボ用マーカーをはめて、前板Ⓜをのせて印を付ける。印の位置にダボ穴を4カ所あける。

⑯ ⑭のダボ穴に木工用接着剤を入れてダボを差し込み、前板Ⓜをはめる。⑬〜⑯を繰り返し、もう2組作る。

Process
色を塗る

扉を作る＆仕上げ

⑰ 本体と引き出し、残りのすべての木材にワトコオイルを塗り、乾いたら余分をウエスでふき取る（→P181）。

⑱ 扉用の木枠ⓃとⓄの中心に、アクリル板を差し込む幅2mm、深さ5mmの溝をトリマーで彫る（→P178）。

⑲ 木枠Ⓝの溝の上下にダボ穴をあけ、ダボ用マーカーで木枠Ⓞの木口（→P173）にもダボ穴をあける（⑭⑮参照）。

POINT
木枠Ⓝの溝は端までいかないよう上下5mmほど残して止めると、仕上がりがきれいになる。

⇩

⑳ 木枠Ⓝ2本の溝の反対側と側板Ⓐの上下に、ノミで蝶番の取り付け部分を彫る（→P43）。

㉑ ⑳の木枠Ⓝの両端に木枠Ⓞ2本をダボで固定する（⑯参照）。

㉒ アクリル板を差し込む。

㉓ 残りの木枠Ⓝを㉒にダボで固定する。同様にしてもう1組作る。

㉔ 扉に取っ手を取り付け、本体と蝶番で固定する。引き出しに取っ手を取り付ける。

㉕ 本体上部中央にマグネットキャッチを取り付ける。扉に付けるプレートを突起面を外側にしマグネットキャッチに付ける。

㉖ ㉕の状態で扉を閉めると、プレートの突起部分の跡がつくので、その位置にプレートを付属のネジで取り付ける。

㉗ 棚受けとなるダボを差し込み、棚板を入れる。

Finish!

How to make 蝶番の溝の彫り方

1. 蝶番の大きさと厚みに合わせて鉛筆で印を付ける。

2. 印線の2mmほど内側にノミを平な面を外側にして垂直に立て、金づちで打ち込み彫り線を入れる。

3. 3辺に彫り線を入れたら、平な面を上にしてノミを彫り線に向け斜めにし、金づちで打ちながら彫る。

4. 片側をある程度彫ったら逆に向け、同様に数ミリずつ彫り進める。

5. 目的の深さまで彫ったら、印線に合わせ垂直にノミを打ち、整える。

6. 3辺の印線を整えたら完成。

ラダーシェルフ

好きな雑貨を置くだけでおしゃれなインテリアになる、見せる収納の代表格。棚の高さが違うので整理しやすく、収納力も抜群です。

Creator

sora-rarara さん

材 料 費：4000 円
制作時間：2 時間
難 易 度：★☆☆☆☆

道具

- 差し金
- メジャー
- 鉛筆
- ノコギリ
- ダボ切りノコギリ
- 電動ドリルドライバー
- 下穴用ドリルビット3mm
- ドライバービット#2
- ダボビット8mm
- 木工用接着剤
- サンダー（紙やすり）
- ハケ
- ウエス

材料

仕上がりサイズ
W1300×H1510×D420mm

- Ⓐ 脚：杉材（19×45×1570mm）…4本
- Ⓑ 棚受け：杉材（19×45×330mm）…2本
- Ⓒ 棚受け：SPF（19×19×330mm）…6本
- Ⓓ 棚板：SPF（19×140×1300mm）…2枚
- Ⓔ 棚板：SPF（19×140×1020mm）…2枚
- Ⓕ 棚板：SPF（19×140×810mm）…2枚
- Ⓖ 棚板：SPF（19×140×525mm）…2枚
- Ⓗ 止め木：SPF（19×19×100mm）…16本
- 木ネジ（50mm）…52本
- ダボ（8mm）…20個
- 蝶番…2個
- 水性塗料
 （「アレスアーチ アーチクリーム」、
 「水性ニス ウォールナット」／
 100円ショップ「ダイソー」）

Cut List **木取り図**

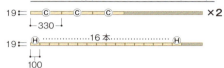
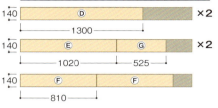

※すべての木材に紙やすりをかけておく。

Drawing **組み立て図**

■ …接着面
● …ネジ(釘)穴の位置
● …ダボ穴の位置
※単位はミリ

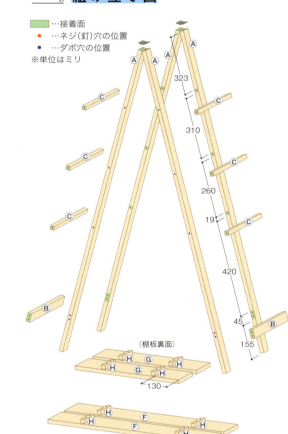

How to make **作り方**

Process
脚を作る

① 脚Ⓐに棚受けⒷを木ネジ2本で固定し、Ⓒ3本をそれぞれ木ネジ1本ずつで固定する。

② ①の反対側に脚Ⓐを①と同様にして取り付ける。同じものをもう1組作る。

③ すべての穴にダボ処理(→P175)をする。

Process
色を塗る

④ ③に水性塗料(白)を塗り、棚板Ⓓ〜Ⓖに水性塗料(茶)を塗る。

Process
組み立てる

⑤ ④の脚2組の上辺を合わせ、蝶番を取り付けてつなぐ。

⑥ 棚板Ⓓ〜Ⓖの裏側に止め木Ⓗを木ネジ2本ずつで固定する。

⑦ ⑤を開いて立て、⑥をのせる。

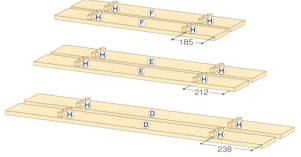

※下穴、ダボ穴は組み立てる前に開けておく(→P5)。

45

オープンラック

リビングからキッチン、バスルームまで、どこでも活躍できる小ぶりなラック。棚板を渡すだけなので、持ち運びにも便利です。

Creator

sora-rarara さん

材 料 費：3000円
制作時間：2時間
難 易 度：★☆☆☆☆

道具

- 差し金
- メジャー
- 鉛筆
- ノコギリ
- ダボ切りノコギリ
- 電動ドリルドライバー
- 下穴用ドリルビット3mm
- ドライバービット#2
- ダボビット8mm
- 木工用接着剤
- サンダー(紙やすり)
- ハケ
- ウエス

材料

仕上がりサイズ W1200×H700×D343mm

- Ⓐ 脚：SPF (38×38×700mm)…4本
- Ⓑ 棚受け：SPF (38×38×270mm)…6本
- Ⓒ 棚板：SPF (19×89×1200mm)…3枚
- Ⓓ 棚板：SPF (19×89×900mm)…3枚
- 木ネジ (50mm)…24本
- ダボ…24個
- 水性塗料(「アレスアーチ アーチクリーム」、「水性ニス ウォールナット」／100円ショップ「ダイソー」)

Cut List 木取り図

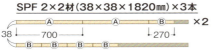

※単位はミリ

※すべての木材に紙やすりをかけておく。

How to make 作り方

Process 脚を作る

1. 脚Ⓐに棚受けⒷ3本を木ネジ2本ずつで固定する。
2. ①の反対側に脚Ⓐを①と同様にして取り付ける。同じものをもう1組作る。
3. すべてのダボ穴にダボ処理をする(→P175)。

Process 棚板を作る

4. 棚板Ⓒ3枚、Ⓓ3枚を接着剤で貼り合わせる。

Process 仕上げ

5. ③に水性塗料(白)、④に水性塗料(茶)を塗る。
6. 2組の脚に棚板を渡す。

Drawing 組み立て図

- …接着面
- …ネジ(釘)穴の位置
- …ダボ穴の位置

※単位はミリ

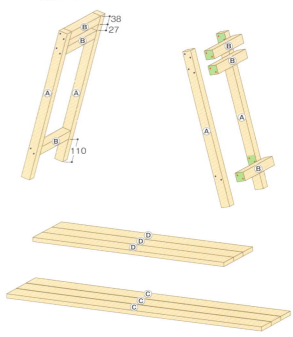

※下穴、ダボ穴は組み立てる前に開けておく(→P5)。

Living 07 オープンラック

Living 08

折りたたみ式ローテーブル

折りたためて持ち運びに便利。アウトドアテーブルとして人気の形ですが、屋内で使ってもナチュラルな風合いを演出できます。

Creator
sora-rarara さん
材料費：5000円
制作時間：3時間
難易度：★★☆☆☆

道具

- 差し金
- メジャー
- 鉛筆
- ノコギリ
- 電動ドリルドライバー
- 下穴用ドリルビット3mm
- ドリルビット5mm
- ドライバービット#2
- 座掘ビット10mm
- 木工用接着剤
- サンダー（紙やすり）
- ハケ
- ウエス

材料

仕上がりサイズ
W710×H270×D500mm

- (A) 止め木：杉材（30×40×710mm）…2本
- (B) 天板：杉材（10×45×500mm）…15枚
- (C) 補強材：杉材（10×45×440mm）…2枚
- (D) 脚：杉材（30×40×270mm）…4本
- (E) 補強材：杉材（10×45×377mm）…2枚
- 木ネジ（25mm）…50本
- ボルト・ナット（30mm）…4本
- 水性塗料（「水性ニス ウォールナット」／100円ショップ「ダイソー」）

Cut List 木取り図

…端材の部分　※単位はミリ

※すべての木材に紙やすりをかけておく。

How to make 作り方

Process 天板を組み立てる

1. 止め木Ⓐ2本にボルト用の穴を2か所ずつあける。ドリルビット5mmで貫通穴をあけ、座掘ビット10mmで深さ10mmまで掘る。

2. 止め木Ⓐの上に天板Ⓑを約2mmずつ間隔を開けて並べる。このとき、2mmの厚さの紙などを間に挟みながら並べると間隔が揃いやすい。

3. 天板Ⓑ側から木ネジを打ち込む。両端は1枚につき木ネジ4本ずつ、それ以外は1枚につき木ネジ2本ずつで固定する。

4. ③を裏返し、固定材ⒸをⒶの左右にのせ、木ネジ4本ずつで固定する。

Process 脚を組み立てる

5. 脚Ⓓ4本の片端を10mmの位置から斜めに切る。

6. 脚Ⓓ4本の⑤と反対の端にドリルビットで貫通穴を1カ所あける。

7. ⑥で穴をあけた側の角をノコギリで少し切り落とし、サンダーで整えて丸みをつける。

8. 脚Ⓓ2本に補強材Ⓔを渡し、Ⓔ側から木ネジ4本を打ち込み固定する。同様にしてもう1組作る。

Process 色を塗る&仕上げ

9. 天板④と脚⑧に水性塗料で色を塗る。

10. 脚2組を天板にボルトとナットで固定する。

Drawing 組み立て図

■…接着面
● …ネジ(釘)穴の位置
● …ボルト穴の位置
※単位はミリ

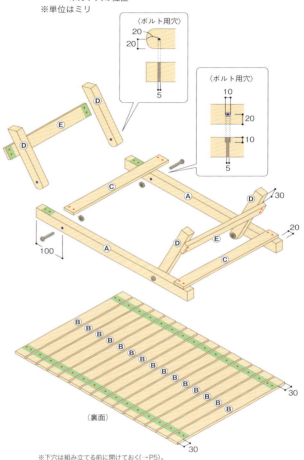

※下穴は組み立てる前に開けておく(→P5)。

折りたためて便利!

Living **09**

収納付きベンチ

収納場所を2カ所に分けることでより便利に！キャスター付きで移動もスムーズ。

Creator
go slow and smile さん

材料費：4000円
制作時間：半日
難易度：★★★☆☆

道具

- 差し金
- メジャー
- 鉛筆
- ノコギリ（または丸ノコ）
- ノミ
- 電動ドリルドライバー
- 下穴用ドリルビット3mm
- ドライバービット#2
- ハンドサンダー（紙やすり）
- ハケ
- ウエス

材料

仕上がりサイズ
W768×H378×D305mm

- Ⓐ 側板：SPF（19×89×356mm）…6枚
- Ⓑ 補強材（側面）：SPF（19×38×305mm）…2本
- Ⓒ 背板：SPF（19×89×730mm）…4枚
- Ⓓ 棚受け：SPF（19×38×265mm）…4本
- Ⓔ 底板・棚板：SPF（19×89×690mm）…6枚
- Ⓕ 前板：SPF（19×55×730mm）…2枚
- Ⓖ 前板：SPF（19×89×730mm）…1枚
- Ⓗ 天板：SPF（19×89×730mm）…3枚
- Ⓘ 固定板：SPF（19×38×215mm）…2本
- Ⓙ 天板：SPF（19×38×730mm）…1本
- 木ネジ…（32mm）…103本
- 蝶番（64mm）…2個
- ステー…1セット
- キャスター（38mm）…4個
- カゴ…2個
- ワトコオイル

Cut List 木取り図

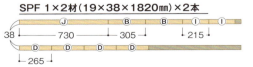

…端材の部分　※単位はミリ

※すべての木材に紙やすりをかけておく。

How to make 作り方

Process 下準備

1. すべての木材にワトコオイルを塗る。乾いたら余分をウエスで拭き取る。

Process 収納部を作る

2. 側板Ⓐ3枚を並べて上端に補強材Ⓑを合わせ、Ⓐ側から木ネジ6本で固定する。同様にしてもう1組作る。

3. 棚受けⒹ2本を、側板ⒶにⒹ側から木ネジ6本ずつで固定する。同様にもう1組にもⒹ2本を取り付ける。

4. ③2組に背板Ⓒ4枚を渡し、Ⓒ側から木ネジ4本ずつで固定する。

5. 底板Ⓔ3枚を下の棚受けⒹに渡し、Ⓔ側から木ネジ4本ずつで固定する。同様に棚板Ⓔ3枚を上の棚受けⒹに渡し、木ネジ4本ずつで固定する。

6. 前板Ⓕ1枚の上辺を底板の高さに合わせ、Ⓕ側から側板に木ネジ4本で固定する。もう1枚の前板Ⓕの上辺を上の棚板の高さに合わせ、Ⓕ側から側板に木ネジ4本で固定する。その上に前板Ⓖを合わせ、Ⓖ側から側板に木ネジ4本で固定する。

Process 天板を作る

7. 天板Ⓗ3枚を並べ、固定材Ⓘ2本をⒾ側から木ネジ4本ずつで固定する。

8. ⑦と天板Ⓙに蝶番用の溝をノミで彫り(→P43)、蝶番でつなぐ。ノミがない場合は溝を彫らず、蝶番を⑦と天板Ⓙの上側に取り付ける。

9. ⑧を本体に乗せ、天板Ⓙ側から背板に木ネジ7本で固定する。開閉しながらステー(扉やふたを一定の角度で支える金具)の位置を決め、側板と天板に付属の木ネジで取り付ける。

10. 底板の4隅にキャスターを取り付け、カゴを下のスペースに収納する。

Drawing 組み立て図

■ …接着面
● …ネジ(釘)穴の位置
※単位はミリ

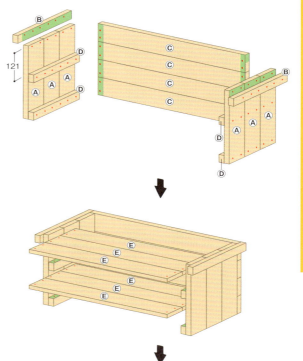

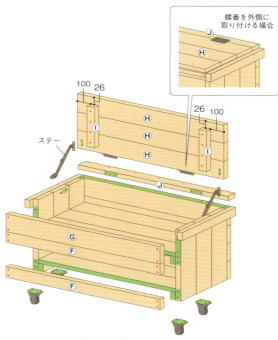

※下穴は組み立てる前に開けておく(→P5)。

Living 09 収納付きベンチ

Living **10**

シェルフ

北欧家具のようなデザインのシェルフ。工程ではダボ接合（→P66）していますが、木ネジで固定してダボ処理にしても作れます。

Creator

Hisayo さん

材 料 費：30000 円
制作時間：2 日
難 易 度：★★★★★

道具

- 差し金
- 定規
- メジャー
- 鉛筆
- ノコギリ
- 電動ドリルドライバー
- 下穴用ドリルビット 3mm
- ドライバービット #2
- ダボビット 6mm
- ダボ用マーカー（マーキングポンチ）
- ドライバー
- ゲンノウ
- 木工用接着剤
- 紙やすり
- ハケ

材料

仕上がりサイズ
W610×H1040×D300mm

- Ⓐ 側板：オーク集成材（20×300×870mm）…2枚
- Ⓑ 棚板：オーク集成材（20×225×560mm）…1枚
- Ⓒ 棚板：オーク集成材（20×240×560mm）…1枚
- Ⓓ 棚板：オーク集成材（20×282×560mm）…1枚
- Ⓔ 底板：オーク集成材（20×300×560mm）…1枚
- Ⓕ 背板：パイン集成材（18×280×850mm）…2枚
- Ⓖ 天板：オーク無垢材（25×255×610mm）…1枚
- Ⓗ 幕板：オーク集成材（20×50×400mm）…2枚
- Ⓘ 幕板：オーク集成材（20×50×140mm）…2枚
- Ⓙ 脚：オーク集成材（50×50×150mm）…4本
- Ⓚ 底板（引き出し）：SPF（19×140×520mm）…1枚
- Ⓚ' 底板（引き出し）：SPF（19×89×520mm）…1枚
- Ⓛ 側板（引き出し）：SPF（19×89×248mm）…2枚
- Ⓜ 背板（引き出し）：SPF（19×140×520mm）…1枚
- Ⓝ 前板（引き出し）：オーク無垢材（25×148×558mm）…1枚
- ダボ（6mm）…60本
- 取っ手…1個
- 油性塗料（「オスモカラー」オーク、クリア）

Cut List 木取り図

▨ …端材の部分　※単位はミリ

オーク集成材（20×300×1820mm）×3枚

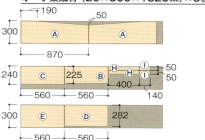

パイン集成材（18×300×1820mm）×1枚

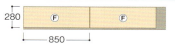

オーク無垢材（25×300×1820mm）×1枚

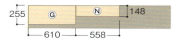

SPF1×6材（19×140×1820mm）×1枚

SPF1×4材（19×89×1820mm）×1枚

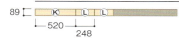

オーク集成材（50×50×400mm）×2本

※すべての木材に紙やすりをかけておく。

Living 10 ― シェルフ

How to make 作り方

Process 下準備

1. 側板Ⓐ2枚の片側に鉛筆で下から190mmと上辺の内側50mmを結ぶ線を引く。線に沿ってノコギリで斜めに切る。
2. 側板Ⓐ1枚の内側に、棚板Ⓑ ⒸⒹ、底板Ⓔ、背板Ⓕ1枚を取り付ける位置の印線を鉛筆で引く。
3. ②の印線の内側に、ダボ穴をそれぞれ2カ所ずつダボビットであける。
4. ダボ用マーカーを使い(→P66)、③の相手となる棚板、底板の木口、背板の木端(→P173)に印を付け、ダボ穴をあける。
5. 幕板Ⓗ Ⓘの木口の真ん中に、③④と同様にしてダボ穴をあけ、相手となる脚Ⓙ4本にもダボ穴をあける。

Process 色を塗る

6. 背板Ⓕ2枚はオーク、それ以外の材料にはクリアの油性塗料を塗る。乾いたら2度塗りする。

Process 脚を組み立てる

7. 脚Ⓙのダボ穴に接着剤を入れてダボを差し込む。ダボの先端と接着面に接着剤を塗り、幕板Ⓗをはめる(ダボ継ぎ→P66)。
8. ⑦の幕板Ⓗの反対側と脚Ⓙをダボ継ぎでつなぐ。同じものをもう1組作る。
9. ⑧の脚1組と幕板Ⓘ2枚をダボ継ぎでつなぐ。反対側にもう1組の脚をダボ継ぎでつなぐ。

Process 本体を組み立てる

10. 底板Ⓔに⑨の脚を裏返してのせ、取り付け位置の印線を鉛筆で引く。
11. ⑩の印線の4隅、Ⓙの木口にあたる部分の中央にダボ穴をあける。

Plan view 平面図

● ― …ダボ継ぎの位置
※単位はミリ

[脚上面]

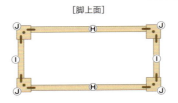

[側面]

Drawing 組み立て図

■ …接着面
● …ネジ(釘)穴の位置
● …ダボ穴の位置

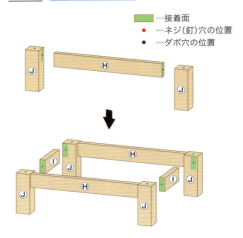

Drawing **組み立て図**

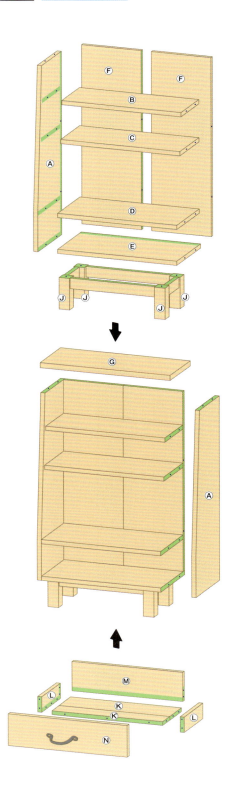

⑫ ⑪のダボ穴にダボ用マーカーをはめて、再度⑨の脚をのせて印を付ける。⑨の脚にダボ穴をあけ、底板Eとダボ継ぎでつなぐ。

⑬ ②の側板Aと棚板B C Dを、③④であけたダボ穴でダボ継ぎにする。

⑭ ⑫の脚を付けた底板Eと⑬の側板Aを、③④であけたダボ穴でダボ継ぎにする。

⑮ ⑭の側板Aと背板F1枚を、③④であけたダボ穴でダボ継ぎにする。

⑯ ⑮の背板Fともう1枚の背板Fの木端に、③④と同様にしてダボ穴を2カ所ずつあけ、ダボ継ぎでつなぐ。

⑰ ⑯であいている側の棚板、底板の木口、背板の木端にダボ穴を2カ所ずつあける。

⑱ 相手となるもう1枚の側板Aにダボ用マーカーで印を付けてダボ穴をあけ、⑰とダボ継ぎでつなぐ。

⑲ 本体の上部、側板Aの木口に、ダボ穴を2カ所ずつあける。

⑳ 相手となる天板Gにダボ用マーカーで印を付けてダボ穴をあけ、⑲とダボ継ぎでつなぐ。

Process **引き出しを作る**

㉑ 底板K K'の長辺をダボ3本でダボ継ぎする。

㉒ 側板Lと㉑、背板Mをダボ継ぎでつなぐ。反対側にもう1枚の側板Lをダボ継ぎでつなぐ。

㉓ ㉒と前板Nをダボ継ぎでつなぐ。

㉔ ㉓の引き出しに取っ手を付属の木ネジで取り付け、⑳の本体にはめる。

Living **11**

コンソールテーブル

置くだけで部屋がスタイリッシュに見えるコンソールテーブル。基本テクニックを押さえれば、簡単に作ることができます。

Creator
ゆぴのこさん

材料費：4300円
制作時間：2時間
難易度：★★☆☆☆

道具

- 差し金
- 鉛筆
- ノコギリ
- ダボ切りノコギリ
- 電動ドリルドライバー
- 下穴用ドリルビット3mm
- ドライバービット#2
- ダボビット8mm（またはドリルビット）
- 木工用接着剤
- ハンドサンダー（紙やすり）
- ハケ
- ウエス

材料

仕上がりサイズ W950mm×H715×D220mm

- (A) 天板：パレット（15×110×950mm）…2枚
- (B) 脚：杉材（42×42×700mm）…4本
- (C) 補強材：杉材（42×42×110mm）…2本
- (D) 幕板：杉材（27×42×110mm）…2本
- (E) 幕板：杉材（27×42×460mm）…2本
- (F) 渡し材：杉材（42×42×460mm）…1本

- 木ネジ（50mm）…28本
- 木ネジ（41mm）…10本
- ダボ（8mm）…28個
- ワトコオイル

※パレットは中古材を使用

Cut List 木取り図

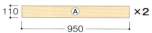

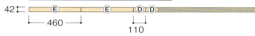

※すべての木材に紙やすりをかけておく。

How to make 作り方

Process 天板を作る

① 天板Ⓐ2枚を接着剤で接着する。

Process 脚を作る

② Ⓑ2本の間に補強材Ⓒ、幕板Ⓓを挟み、Ⓑ側から50mmの木ネジ4本ずつで固定し脚を作る。同様にしてもう1組作る。

③ ②2組と幕板Ⓔ2本を上端で合わせ、Ⓑ側から50mmの木ネジ4本ずつで固定する。

④ 背面側の脚に渡し材Ⓕを50mmの木ネジ4本で固定する。

⑤ すべてのダボ穴にダボ処理(→P175)をする。

Process 色を塗る

⑥ 全体をやすりがけし、脚だけにワトコオイルを塗る。

Process 天板を取り付ける

⑦ 天板Ⓐを裏返して⑥の脚をのせ、Ⓔから41mmの木ネジを3本ずつ、Ⓓ側から2本ずつ打ち込み固定する。

Drawing 組み立て図

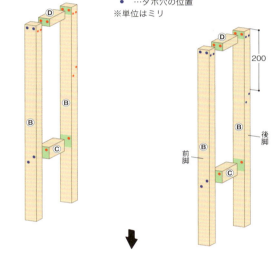
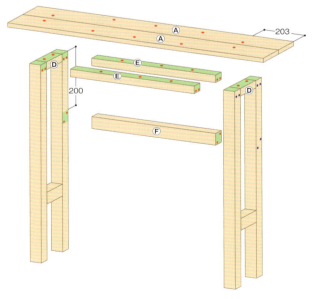

※下穴、ダボ穴は組み立てる前に開けておく(→P5)。

Living **12**

ルーバー

目隠しや間仕切りとして使えるだけでなく、インテリアのアクセントとしても活躍。一見、難しそうですが、単純作業の繰り返しで簡単に作れます。

Creator
末永京さん
材 料 費：3000円
制作時間：4時間
難 易 度：★★☆☆☆

道具		材料	仕上がりサイズ W880×H1520×D40mm

- 差し金
- メジャー
- 鉛筆
- ノコギリ
- ダボ切りノコギリ
- 電動ドリルドライバー
- 下穴用ドリルビット2mm
- ドライバービット #2
- ダボビット8mm
- 木工用接着剤
- 紙やすり
- ハケ

- Ⓐ 枠：赤松材（30×40×1490mm）…4本
- Ⓑ 腰板：SPF（19×89×760mm）…8枚
- Ⓒ 横板：赤松材（30×40×356mm）…4本
- Ⓓ 枠：赤松材（30×40×416mm）…2本
- Ⓔ 羽根板：ベニヤ板（2.5×40×376mm）…52枚

- 木ネジ（60mm）…32本
- 木ネジ（50mm）…24本
- ダボ…56個
- 蝶番…2個
- 水性塗料（「バターミルクペイント picture frame cream color」）

Cut List 木取り図　　…端材の部分　※単位はミリ

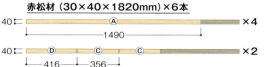

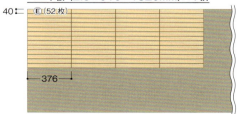

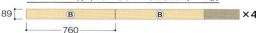

※すべての木材に紙やすりをかけておく。

How to make 作り方

Process 下準備

1. 枠Ⓐにノコギリで幅3mm、深さ10mmの溝を25mm間隔で斜めに彫る。2本が左右対称になるようにして2組作る。

Process 枠組みを作る

2. 腰板Ⓑ4枚を並べ、横板Ⓒ2枚で上下を挟む。60mmの木ネジをⒸ側から上下に8本ずつ打ち込む。

3. 枠Ⓐ2本で②を挟み、横板Ⓒの位置にⒶ側から50mmの木ネジを2本ずつ打ち込む。

4. ③の上部に枠Ⓓをのせ、Ⓓ側から両端に50mmの木ネジを2本ずつ打ち込む。

Process 仕上げ

5. ①で彫った溝に羽根板Ⓔをはめる。

6. すべてのダボ穴をダボ処理する（→P175）。②～⑥を繰り返して同じものをもう一組作る。

7. 好みの塗料で色を塗る。蝶番2個を上下に取り付け、2組をつなぐ。

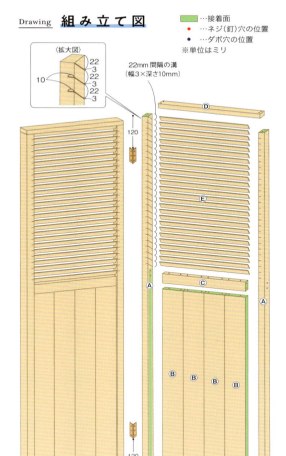

※下穴、ダボ穴は組み立てる前に開けておく（→P5）。

Kitchen **13**

折りたたみ式ごみ箱

見た目がかわいいだけでなく、最大3分別までできる優れもの。スーパーのレジ袋を取っ手に引っ掛けて使うこともできます。

Creator
sora-rarara さん

材料費：3000円
制作時間：2時間
難易度：★★☆☆☆

道具

- 差し金
- メジャー
- 鉛筆
- ノコギリ
- 電動ドリルドライバー
- 下穴用ドリルビット3mm
- ドリルビット5mm
- ドライバービット#2
- タッカー
- 木工用接着剤
- 紙やすり
- ハケ
- ウエス

材料

仕上がりサイズ W640×H460×D425mm

- Ⓐ 脚：杉材（19×38×650mm）…4本
- Ⓑ 渡し板：SPF（19×38×600mm）…4本
- Ⓒ 取っ手：丸棒（φ15×60mm）…6本
- Ⓓ ふた：ベニヤ板（4×210×560mm）…2枚
- Ⓔ Ⓕ 補強材：杉材（17×17×150mm）…6本
- Ⓖ ふた受け：杉材（17×17×600mm）…1本
- 木ネジ（24mm）…30本
- ボルト・ナット（35mm）…2本
- ダボ（8mm）…12個
- 蝶番…2個
- 抜き差し蝶番…2個
- 水性塗料（茶、白）
- 布（40×500mm）…2枚
- ごみ袋（不織布）
- マジックテープ

Cut List 木取り図

▨…端材の部分　※単位はミリ

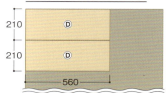

※すべての木材に紙やすりをかけておく。

How to make 作り方

Process 脚を組み立てる

1. 脚Ⓐ4本の上下左右の中央にドリルビットでボルト用の貫通穴をあける。
2. ①2本をそれぞれボルトとナットで固定し、2組の脚を作る。
3. 脚2組の間に渡し板Ⓑ4本を挟み、木ネジ4本ずつで固定する。
4. ダボを長さ15mmに切り、2個を丸棒Ⓒに接着剤で取り付けて取っ手を作る。同様にして計6個作る。
5. 上部の渡し板Ⓑ2本に④の取っ手を好きな位置に接着剤で取り付ける。

Process 色を塗る

6. ⑤に水性塗料（茶）、ふたⒹ2枚に水性塗料（白）を塗る。

Process ふたを作る

7. ふたⒹ2枚の裏面に補強材Ⓔ4本、Ⓕ2本をⒺⒻ側から木ネジ2本ずつで固定する。
8. ⑦2組を補強材Ⓔがくっつくように並べ、Ⓔ2組の中央に蝶番を1個ずつ取り付ける。

Process 仕上げ

9. ふた受けⒼを奥側にあたる脚の上部に、開いたときに水平になるよう30°の角度をつけ木ネジ2本で固定する。
10. 下の補強材Ⓑ2本に布を渡し、タッカーで固定する。
11. ふた手前側に取っ手を取り付ける。
12. 抜き差し蝶番を外して2つに分け、それぞれをふたのⒻ中央とふた受けⒼに取り付け、ふたと本体をつなぐ。
13. 上の渡し板Ⓑの内側とごみ袋に、マジックテープを4枚ずつごみ袋のサイズに合わせてタッカーでとめる。ごみ袋をごみ箱にはめる。

POINT

ふたを閉めて使用できるのはうれしいポイント。ふたは抜き差し蝶番でつないでいるので簡単に外れる。折りたためば持ち運びでき、アウトドアでも大活躍！

Drawing 組み立て図

…接着面
…ネジ(釘)穴の位置
…ボルト穴の位置
※単位はミリ

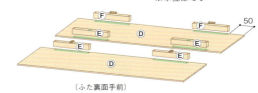

（ふた裏面手前）

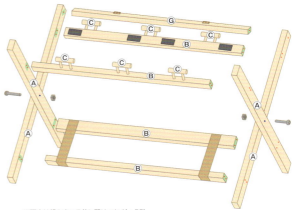

※下穴は組み立てる前に開けておく(→P5)。

Living 14

ハンガーラック

折りたためるコンパクトなラックで、小スペースを有効に活用。服をかけるだけでなく、下の台にカバンなどの小物も置けます。

Creator

末永京さん

材料費：4000円
制作時間：2時間
難易度：★★☆☆☆

道具

- 差し金
- メジャー
- 鉛筆
- ノコギリ
- ダボ切りノコギリ
- 電動ドリルドライバー
- 下穴用ドリルビット 2mm
- ドリルビット 25mm
- ドライバービット #2
- ダボビット 8mm
- ゲンノウ
- 紙やすり
- ハケ
- ウエス

材料

仕上がりサイズ
W910×H1500×D400mm

- Ⓐ 脚：SPF（19×63×1500mm）…4枚
- Ⓑ 補強板：SPF（19×38×822mm）…2本
- Ⓒ 棚受け：SPF（19×38×798mm）…2枚
- Ⓓ 棚板：SPF（19×38×400mm）…9枚
- Ⓔ 丸棒（φ24×910mm）…1本
- 木ネジ（35mm）…8本
- 木ネジ（50mm）…36本
- ダボ（8mm）…8個
- 水性塗料（「自然カラー ナチュラルホワイト」）

Cut List 木取り図

…端材の部分　※単位はミリ

SPF 1×3材（19×63×1820mm）×4枚

SPF 1×2材（19×38×1820mm）×5枚

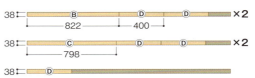

※すべての木材に紙やすりをかけておく。

How to make 作り方

Process 下準備

1 脚Ⓐ2本を左右対称になるよう下から5mmの部分を斜めに切り落とす。ドリルビット25mmで丸棒Ⓔを通す貫通穴をあける。同様にして、もう1組作る。

Process 枠を組み立てる

2 ①で左右対称にした1組の間に補強板Ⓑを挟み、35mmの木ネジ2本ずつをⒶ側から打ち込む。同様にしてもう1組作る。

3 ②のダボ穴をダボ処理する(→P175)。

4 脚2組の穴を重ね、丸棒Ⓔの両端を通して組む。

Process 棚を作る

5 棚板Ⓓ9枚を57mmずつ間隔をあけて並べる。

6 ⑤の上に棚受けⒸ2枚をのせて、Ⓒ側から50mmの木ネジ4本ずつを打ち込み固定する。

Process 仕上げ

7 ④と⑥を好みの塗料で着色する。

8 ④の脚を広げ、⑥の棚受けⒸを補強材Ⓑの外側に引っ掛けるようにして棚をのせる。

Drawing 組み立て図

■ …接着面
● …ネジ(釘)穴の位置
● …ダボ穴の位置

※単位はミリ

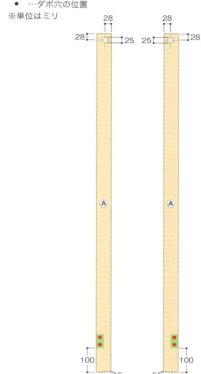

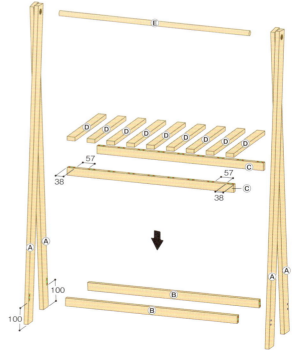

※下穴、ダボ穴は組み立てる前に開けておく(→P5)。

Living 15

テレビボード

無垢材の木目がきれいなテレビ台。
写真は組み手、ほぞ組み(→P189)の技術を使っていますが、
同様のデザインをダボ継ぎで作ることができます。

Creator

Hisayo さん

材 料 費：40000 円
制作時間：3 日
難 易 度：★★★★★

道具		材料	仕上がりサイズ W1200×H380×D350mm

- 差し金
- 定規
- メジャー
- 鉛筆
- ノコギリ
- 電動ドリルドライバー
- ドリルビット4mm・7mm
- ドライバービット#2
- ダボビット6mm
- ダボ用マーカー（マーキングポンチ）
- ドライバー
- ゲンノウ
- 木工用接着剤
- 紙やすり
- ハケ
- ウエス

Ⓐ 天板：ナラ無垢材（20×350×1200mm）…1枚
Ⓑ 側板：ナラ無垢材（20×140×350mm）…2枚
Ⓒ 底板：ナラ無垢材（20×350×1200mm）…1枚
Ⓓ 幕板：ナラ無垢材（20×50×700mm）…2枚
Ⓔ 渡し材：ナラ無垢材（20×50×220mm）…2枚
Ⓕ 脚：ナラ無垢材（40×40×200mm）…4本
- ダボ（6mm）…28個
- 木ネジ（50mm）…6本
- 油性塗料（「オスモカラー」ノーマルクリア）

Cut List 木取り図

▓…端材の部分　※単位はミリ

ナラ無垢材（20×350×1820mm）×2枚

ナラ無垢材（20×150×1820mm）×1枚

ナラ無垢材（40×40×500mm）×2本

※すべての木材に紙やすりをかけておく。

Plan view 平面図

●━…ダボ継ぎの位置
●…ネジ（釘）穴の位置
※単位はミリ

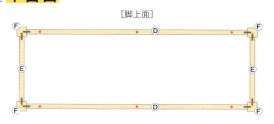

[脚上面]

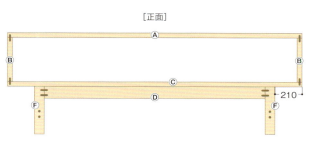

[正面]

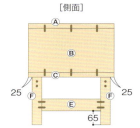

[側面]

How to make 作り方

Process 下準備

1. 天板Ⓐ、底板Ⓒの両端に、側板Ⓑを取り付けるためのダボ穴をダボ穴ビットで4カ所ずつあける(→P65平面図のダボ継ぎの位置も参照)。

2. ダボ用マーカーを使い、側板Ⓑ2枚の木口(→P173)に印をつけ、ダボ穴をあける。

3. ①②と同様に幕板Ⓓ2枚、渡し材Ⓔ2枚の木口にダボ穴をあけ、相手となる脚Ⓕ4本にもダボ穴をあける。

Drawing 組み立て図

■…接着面
●…ネジ(釘)穴の位置
●…ダボ穴の位置

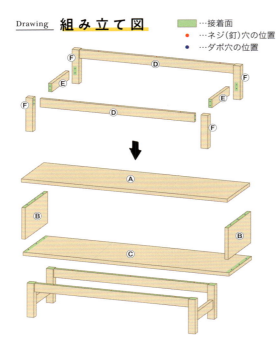

Process 色を塗る

4. すべての材料に油性塗料を塗る。乾いたら2度塗りする。

Process 脚を組み立てる

5. 脚Ⓕの上側のダボ穴に接着剤を入れてダボを差し込む。接着面全面とダボの先端に接着剤を塗り、幕板Ⓓをはめる(ダボ継ぎ)。

6. 同様にして、⑤の幕板Ⓓの反対側と脚Ⓕをダボ継ぎでつなぐ。同じものをもう1組作る。

7. ⑥1組と渡し材Ⓔ2枚をダボ継ぎでつなぐ。反対側にもう1組の⑥をダボ継ぎでつなぐ。

Process 本体を組み立てる

8. 底板Ⓒと側板Ⓑ2枚をダボ継ぎでつなぐ。

9. ⑧の側板Ⓑ2枚と天板Ⓐをダボ継ぎでつなぐ。

10. ⑦の脚を裏返し、幕板Ⓓ2本にドリルビット4mmで貫通穴を3カ所ずつ均等にあける。同じ位置にドリルビット7mmで深さ14mmの穴をあける。

11. ⑨の本体を裏返して底板Ⓒに⑩を裏返したままのせ、⑩であけた穴から木ネジ6本を打ち込み固定する。

How to make ダボ継ぎのやり方

1 継ぎたいふたつの木材の片方に、ダボ穴ビットでダボ穴をあける。

2 1のダボ穴にダボ用マーカーをはめて相手となる木材を合わせ、印をつける。印の位置にダボ穴をあける。

3 1のダボ穴に接着剤を入れてダボを差し込む。飛び出したダボの先端と接着面に接着剤を付け、2の木材をはめる。

Sanitary **16**

タオル棚

タオルを下から取り出せるアイデア収納とタオル掛けがひとつに。曲線のカットや円のくり抜きはジグソーを使います。

Creator

末永京 さん

材料費：10000円
制作時間：3時間
難易度：★★★☆☆

Point

底板にタオルを取り出す穴をあけることで、洗濯した順番にタオルを使うことができます。穴をくり抜くときはジグソーが便利です。

→詳細は **P176**

道具

- 差し金
- メジャー
- 鉛筆
- ノコギリ
- ダボ切りノコギリ
- ジグソー
- 電動ドリルドライバー
- 下穴用ドリルビット 2.5mm
- ドライバービット #2
- ダボビット 8mm
- 木工用接着剤
- 紙やすり
- ハケ
- ウエス

材料

仕上がりサイズ
W600×H569×D235mm

- (A) 底板：SPF (19×235×562mm)…1枚
- (B) 側板：SPF (19×235×550mm)…2枚
- (C) 天板：SPF (19×235×600mm)…1枚
- (D) 仕切り板：SPF (19×235×362mm)…1枚
- (E) 扉：ファルカタ集成材 (14×248×400mm)…1枚
- (F) 扉：ファルカタ集成材 (14×350×400mm)…1枚
- (G) タオル掛け：丸棒 (φ18×562mm)…1本
- 木ネジ (35mm)…26本
- ダボ (8mm)…20個
- 蝶番…4個
- 取っ手…2個
- マグネットキャッチ…2セット
- ワトコオイル

Cut List 木取り図

▨ …端材の部分　※単位はミリ

SPF 1×10材 (19×235×1820mm)×2枚

ファルカタ集成材 (14×400×910mm)×1枚

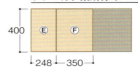

丸棒 (φ18×910mm)×1本

※すべての木材に紙やすりをかけておく。

How to make 作り方

Process 下準備

1. 底板Ⓐのタオルを出す円をジグソーでくり抜く。フェイスタオルなら直径15cm程度、バスタオルなら直径20cm程度にする。
2. 側板Ⓑ2枚に好みのデザインで曲線を描き、ジグソーで切る。

Process 組み立てる

3. 底板Ⓐと天板Ⓒで仕切り板Ⓓを挟み、上下から木ネジ3本ずつを打ち込み固定する。
4. ③を横に倒して側板Ⓑをのせ、Ⓑ側から底板Ⓐに木ネジ3本を打ち込む。天板Ⓒ側から側板Ⓑに木ネジ3本を打ち込む。
5. ④に丸棒Ⓖを木ネジ1本で固定する。
6. ⑤の反対側にⒷをのせ、④⑤と同様にして固定する。
7. すべてのダボ穴をダボ処理する（→P175）。
8. ⑦と扉ⒺⒻにワトコオイルを塗る。
9. 扉ⒺⒻと本体に蝶番を左右2個ずつ付属の木ネジで取り付ける。
10. 扉に取っ手を付属の木ネジで取り付ける。
11. 本体上部にマグネットキャッチを付属のネジで取り付ける。扉に付けるプレートを突起のある面を外側にしてマグネットキャッチに付ける。
12. ⑪の状態で扉を閉めると、プレートの突起部分の跡がつくので、その位置にプレートを付属のネジで取り付ける。
13. 壁に取り付ける場合は、扉を開いて内側から天板Ⓒの両端にL字金具を木ネジで取り付け、壁に固定する。

Drawing 組み立て図

■ …接着面
● …ネジ(釘)穴の位置
● …ダボ穴の位置
※単位はミリ

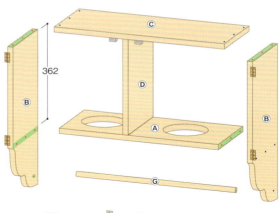

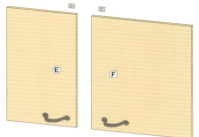

※下穴は組み立てる前に開けておく(→P5)。

Kids 17

おままごとキッチン

裏側はカフェカウンター風になっていて、お店屋さんごっこも楽しめます。部品は多いものの、組み立てはシンプルなので初心者でもOK。

Creator

sora-rarara さん

材 料 費：13000 円
制作時間：2 日
難 易 度：★★★★☆

Point

魚焼きグリルはレールで引き出し式になっており、細部まで実際のキッチンにそっくり！ ガスのつまみや蛇口は、市販の積み木と端材を組み合わせて作っています。

道具

1. 差し金
2. メジャー
3. クランプ
4. ノコギリ
5. ダボ切りノコギリ
6. ジグソー
7. 電動ドリルドライバー
8. タッカー
9. サンダー（紙やすり）

- 鉛筆
- 下穴用ドリルビット 3mm
- ドリルビット 9mm
- ドライバービット #2
- ダボビット 8mm
- 木工用接着剤
- 金づち
- ハケ
- ウエス

材料

仕上がりサイズ
W770×H910×D356mm

- A 側板：SPF（19×89×910mm）…2枚
- B 側板・背板：SPF（19×89×505mm）…14枚
- C 補強板：SPF（19×38×280mm）…6本
- D 仕切り板：SPF（19×89×465mm）…2枚
- E 仕切り板：SPF（19×89×465mm）…1枚
- F 仕切り板：SPF（19×69×465mm）…1枚
- G 棚受け：SPF（19×19×280mm）…2本
- H 棚受け：SPF（19×19×220mm）…2本
- I 補強板：SPF（19×38×640mm）…2本
- J 前板：SPF（19×89×710mm）…1枚
- K 前板：SPF（19×38×710mm）…2枚
- L 底板：ベニヤ（9×318×710mm）…1枚
- M 天板：SPF（19×89×710mm）…1枚
- N 天板：SPF（19×140×770mm）…2枚
- O 屋根板：杉材（13×89×710mm）…1枚
- P 屋根：杉材（13×89×165mm）…8枚
- Q 棚板：SPF（19×89×300mm）…1枚
- R 扉：ファルカタ材（6×218×368mm）…2枚
- S 飾り（扉）：工作材（6×38×292mm）…4枚
- T 飾り（扉）：工作材（6×38×218mm）…4枚
- U 扉（オーブン）：ベニヤ（9×247×248mm）…1枚
- V レール（グリル）：SPF（19×19×220mm）…2本
- W 網（グリル）：丸棒（φ9×240mm）…7本
- X 扉（グリル）：ベニヤ（9×108×248mm）…1枚
- Y 窓枠：SPF（19×19×262mm）…3本
- Z 窓枠：SPF（19×19×87mm）…2本
- a 窓枠：SPF（19×19×231mm）…2本

- 棚板（グリル）：ベニヤ（9×250×337mm）…1枚
- 扉の窓（オーブン）：ワイヤーフレーム（「Seria」）…1枚
- 扉の窓（グリル）：厚めのクリアファイル…1枚
- シンク：ボウル（φ18cm）…1個
- ガスのつまみ、蛇口、五徳…積み木や端材を利用
- 木ネジ（24mm）…130本程度
- ダボ（8mm）…40個程度
- 取っ手（扉）…2個
- 取っ手（オーブン、グリル）…2種×1個
- 蝶番（扉）…4個
- 蝶番（オーブン扉）…小2個
- 水性塗料（「アレスアーチ アーチクリーム」、「水性ニス ウォールナット」／100円ショップ「ダイソー」）

Cut List 木取り図

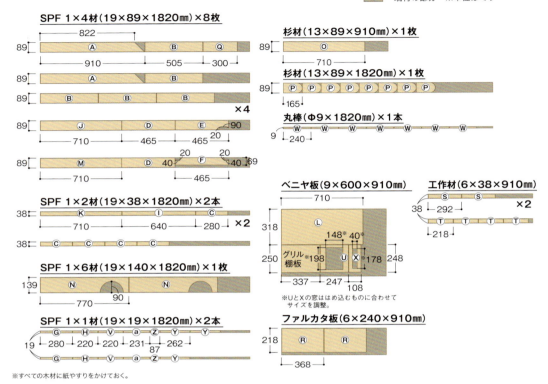

※すべての木材に紙やすりをかけておく。

Drawing 組み立て図

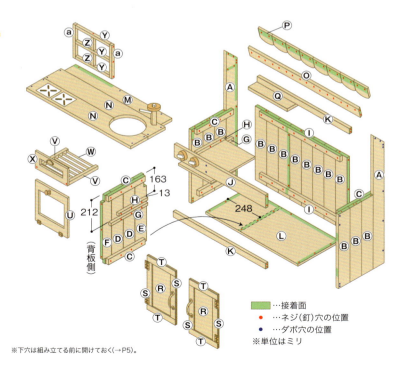

※下穴は組み立てる前に開けておく(→P5)。

How to make 作り方

Process 下準備

① 組み立てると色が塗りにくくなるため、すべての材料を着色する。Ⓐ～ⓀⓇⓋは水性塗料（白）、それ以外は水性塗料（茶）を塗る。

Process 枠組みを作る

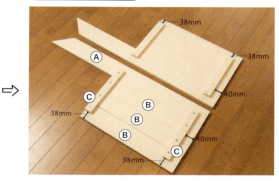

② 側板Ⓐは片端を斜めに切る。Ⓐ1枚と側板Ⓑ3枚を接着剤で固定し、補強板Ⓒを上下2カ所に木ネジ4本ずつで固定する。もう1組を左右対象になるように作る。

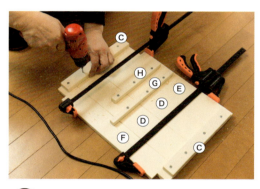

③ 仕切り板Ⓓ2枚とⒺⒻを接着剤で固定し、クランプで圧着。上下の補強板Ⓒ2枚、グリルの棚受けⒼⒽを、それぞれ木ネジ4本ずつ、3本ずつで固定する。

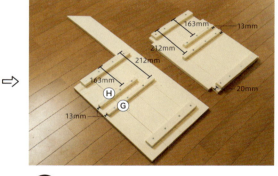

④ ②の1組に棚受けⒼⒽを③の仕切り板と左右対称になるように木ネジで固定する。

Process 本体を組み立てる

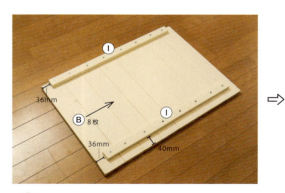

⑤ 背板Ⓑ8枚を並べて接着剤で仮止めし、補強板Ⓘを上下2カ所に木ネジ8本ずつで固定する。

⑥ 側板2組で⑤の背板を挟み、木ネジ3本ずつで固定する。

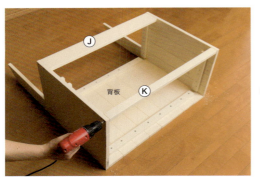

⑦ 側板の間に前板ⒿとⓀを渡し、木ネジ4本ずつで固定する。

⑧ ③の仕切り板を上から差し込み、前板Ⓙ側から木ネジ2本を打ち込む。

⑨ 背板側から仕切り板に木ネジ3本を打ち込み、固定する。

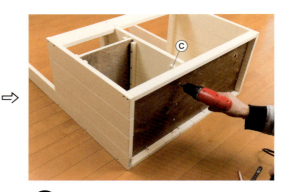

⑩ 下から底板Ⓛをはめ、側板と仕切り板に取り付けた補強板Ⓒに、Ⓛ側から木ネジ3本ずつで固定する。

⑪ 前板Ⓙにドリルビットで貫通穴をあける。ガスのつまみとおもちゃのネジを接着剤で固定する。

⑫ 天板を取り付けるとダボ処理がしづらくなるため、一度、本体のダボ処理をする（→P175）。

Process
屋根と棚を作る

⑬ 天板⑭と⑮2枚をのせ、側板と背板に天板側から木ネジ11本を打ち込み固定する。

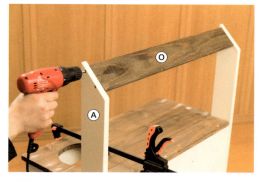

⑭ 屋根板⑯を側板⑰の斜めの部分に合わせ、⑰側から木ネジ2本ずつを打ち込み固定する。

⑮ 屋根⑱を屋根板⑯に少し隙間をあけながら等間隔で並べ、接着剤で仮止めする。⑯側から木ネジ2本ずつを打ち込み固定する。

⑯ 側板⑰の屋根から飛び出した先端部分をノコギリで切り落とす。

⑰ 側板に前板⑲を側板側から木ネジ2本ずつを打ち込み固定する。

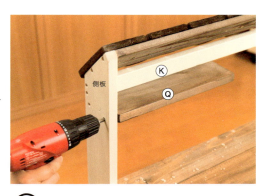

⑱ 側板に棚板⑳を側板側から木ネジ2本を打ち込み固定する。

Process
扉、アクセサリー類を付ける

⑲ 蛇口を天板の裏側から木ネジ1本を打ち込み固定。天板に五徳を接着剤で貼り、天板の穴にボウルをはめる。

⑳ 扉Rの表に飾り枠S Tを接着剤で貼る。固まったら取っ手を取り付け、蝶番2個ずつで本体に固定する。

㉑ オーブンの扉Uの窓にワイヤーフレームを接着剤で貼り、取っ手を取り付ける。下部に蝶番2個を取り付け、本体に固定する。

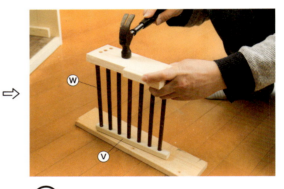

㉒ レールV2本にドリルビットで穴7個を等間隔に開けて丸棒W7本を差し、当て木をして金づちで叩いてはめる。先端を金づちで少し潰すと入りやすい(→P175)。

㉓ 扉Xを㉒のV2本に木ネジ2本で固定する。窓部分に合わせて切ったクリアファイルを裏側からタッカーでとめ、取っ手を付ける。

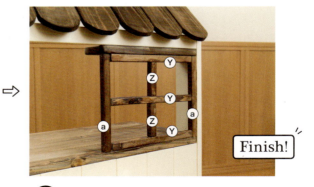

㉔ 窓枠Y Z aを接着剤と木ネジで天板と固定する。

Finish!

カラーボックスリメイク

取っ手やモールディング（→P189）など装飾を工夫すれば、初心者でも簡単にカラボが大変身！

Creator

go slow and smile さん

材 料 費：13000 円
制作時間：半日
難 易 度：★★☆☆☆

道具

- 差し金
- メジャー
- 鉛筆
- ノコギリ（丸ノコ）
- ジグソー
- 電動ドリルドライバー
- 下穴用ドリルビット3mm
- ドライバービット#2
- タッカー
- 木工用接着剤
- ハンドサンダー
（紙やすり）
- ハケ
- ローラーバケ

材料

仕上がりサイズ W1609×H1200×D354mm

- Ⓐ 扉（窓付きボックス）：ラワン合板（12×443×1172mm）…1枚
- Ⓑ 側板（窓付きボックス）：ラワン合板（12×350×1176mm）…2枚
- Ⓒ 天板・底板（窓付きボックス）：ラワン合板（12×350×469mm）…2枚
- Ⓓ 背板（窓付きボックス）：ラワン合板（12×469×1200mm）…1枚
- Ⓔ 扉（ボックス右）：ラワン合板（12×298×870mm）…1枚
- Ⓕ 側板（ボックス右）：ラワン合板（12×288×856mm）…2枚
- Ⓖ 天板・底板（ボックス右）：ラワン合板（12×288×300mm）…2枚
- Ⓗ 背板（ボックス右）：ラワン合板（12×300×880mm）…1枚
- Ⓘ 扉（カラーボックス）：ラワン合板（12×410×870mm）…2枚
- Ⓙ 天板：足場板（15×177×1140mm）…2枚
- Ⓚ モールディング材：角材（10×10×290mm）…4本
- Ⓛ モールディング材：角材（10×10×340mm）…2本
- Ⓜ モールディング材：角材（10×10×540mm）…2本
- Ⓝ 丸棒（φ30×450mm）…1本
- カラーボックス（300×420×880mm）…2個
- プラダン（プラスチック段ボール／3×310×560mm）…1枚
- 取っ手…4個
- マグネットキャッチ…4セット
- 蝶番…8個
- 木ネジ（25mm）…94本
- 水性塗料（「アレスアーチ」グレー、白、好みの色）

Cut List 木取り図

▨ …端材の部分　※単位はミリ

ラワン合板（12×910×1820mm）×4枚

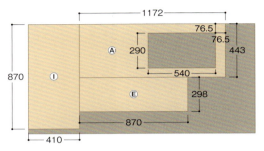

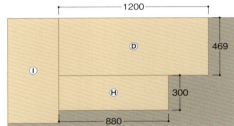

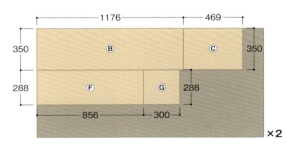

足場板（15×177×1140mm）×2枚

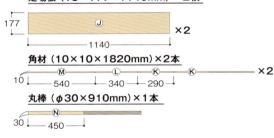

角材（10×10×1820mm）×2本

丸棒（φ30×910mm）×1本

※すべての木材に紙やすりをかけておく。

※材料のカラーボックスとサイズが違う場合
- 側板Ⓕ、背板Ⓗの長辺＝
 （カラーボックスの高さ）−（天板・底板Ⓖの厚み×2）
- 側板Ⓕの短辺、天板・底板Ⓖの短辺＝
 （カラーボックスの奥行き）−（背板Ⓗの厚み）
- 扉ⒺⒾの長辺＝（カラーボックスの高さ）− 10mm
- 扉Ⓘの短辺＝（カラーボックスの幅）− 10mm

How to make 作り方

Process 下準備

1. 扉Ⓐの窓をジグソーでくり抜く（→P176）。モールディング材はすべて両端を45°に切る（→P147）。

2. 木材Ⓐ〜Ⓘの表面とモールディング材Ⓚ〜Ⓜはグレー、木材Ⓐ〜Ⓘの裏面は白に着色する。木材Ⓐ〜Ⓓの裏面に好みの色で模様を描く。

3. 扉Ⓐのくり抜いた部分に裏面からプラダンをタッカーでとめる。

4. 扉Ⓐの下部表面にモールディング材Ⓚ2本とⓁ2本で長方形を作り、接着剤で固定する。モールディング材Ⓚ2本とⓂ2本で窓の縁を囲い、接着剤で固定する。

Process 本体を組み立てる

5. 側板Ⓑ2枚、天板・底板Ⓒ2枚でボックスの枠を組み、Ⓒ側から木ネジ6本ずつで固定する。背板Ⓓ1枚をⒹ側から木ネジ22本で固定する。

6. 同様にして、側板Ⓕ2枚、天板・底板Ⓖ2枚、背板Ⓗ1枚でボックスを作る。

7. カラーボックス2個と⑥を並べ、天面に足場板Ⓙ2枚をボックスの奥側に揃えて置き、それぞれのボックスの内側から木ネジ8本ずつで固定する。

8. ⑤の内側に丸棒Ⓝを好きな高さに合わせ、側板Ⓑ側から木ネジ1本ずつを打ち込み固定する。

9. ⑧と扉Ⓐ、⑥と扉Ⓔを、それぞれ蝶番2個ずつでつなぐ。⑦のカラーボックスは扉Ⓘ2枚の側面と蝶番2個ずつでつなぐ。

Process 仕上げ

10. 扉ⒶⒺⒾに取っ手を取り付ける。

11. 各ボックスの上部と扉の裏側にマグネットキャッチを取り付ける（→P43）。

Drawing 組み立て図

■ …接着面
● …ネジ(釘)穴の位置
※単位はミリ

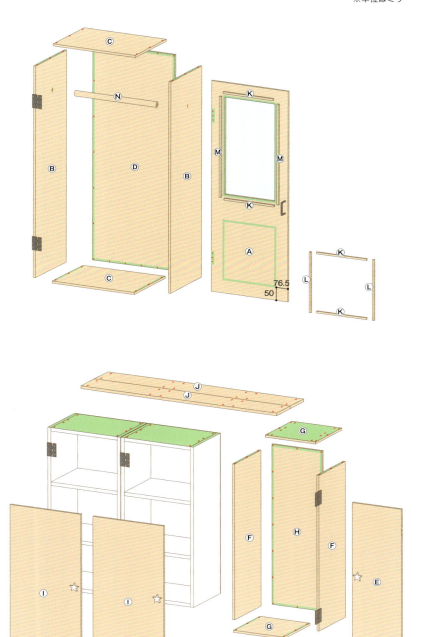

※下穴は組み立てる前に開けておく(→P5)。

Kids 18 カラーボックスリメイク

Kids

19
キッズデスク＆チェア

すっきりとした飽きのこないデザインなので、長く使えます。
白と茶色のカラーリングがナチュラルな雰囲気にぴったり。

Creator
sora-rarara さん
材 料 費：10000 円
制作時間：半日
難 易 度：★★☆☆☆

道具

- 差し金
- メジャー
- 鉛筆
- ノコギリ
- ダボ切りノコギリ
- 電動ドリルドライバー
- 下穴用ドリルビット 3mm
- ドライバービット #2
- ダボビット 8mm
- 木工用接着剤
- サンダー（紙やすり）
- ハケ
- ウエス

材料

[キッズデスク]

仕上がりサイズ
W750×H730×D450mm

- Ⓐ 脚：SPF（38×38×713mm）…4本
- Ⓑ 幕板：SPF（19×89×360mm）…2枚
- Ⓒ 補強材：SPF（38×38×360mm）…2本
- Ⓓ 幕板：SPF（19×89×670mm）…1枚
- Ⓔ 補強材：SPF（38×38×670mm）…1本
- Ⓕ 前板：ひのき材（13×90×666mm）…1枚
- Ⓖ 背板：ひのき材（13×70×620mm）…1枚
- Ⓗ 側板：ひのき材（13×70×380mm）…2枚
- Ⓘ 底板：ベニヤ板（4×380×646mm）…1枚
- Ⓙ 天板：パイン集成材（17×450×750mm）…1枚
- 木ネジ（50mm）…30本、（24mm）…27本
- ダボ（8mm）…34個
- レール
- 取っ手
- 水性塗料（「アレスアーチ アーチクリーム」、
  「水性ニス ウォールナット」／100円ショップ「ダイソー」）

[キッズチェア]

仕上がりサイズ
W380×H740×D368mm

- Ⓐ 脚：SPF（38×38×740mm）…2本
- Ⓑ 脚：SPF（38×38×400mm）…2本
- Ⓒ 横木：SPF（38×38×275mm）…4本
- Ⓓ 横木：SPF（38×38×303mm）…4本
- Ⓔ 背板：SPF（19×89×303mm）…1枚
- Ⓕ 背板：SPF（19×38×303mm）…1枚
- Ⓖ 座面：SPF（19×184×380mm）…1枚
- Ⓗ 座面：SPF（19×184×380mm）…1枚
- 木ネジ（50mm）…40本、（24mm）…8本
- ダボ（8mm）…48個
- 水性塗料（「アレスアーチ アーチクリーム」、
  「水性ニス ウォールナット」／100円ショップ「ダイソー」）

How to make キッズデスク作り方

Process 脚を作る

1. 脚Ⓐに幕板Ⓑ、補強材ⒸをⒶ側から木ネジ50mmを2本ずつ打ち込み固定する。
2. ①の反対側に脚Ⓐを同様にして取り付ける。同じものをもう1組作る。
3. ②2組の間に幕板Ⓓ、補強材Ⓔを渡し、木ネジ50mm4本ずつで固定する。

Process 引き出しを作る

4. 背板Ⓖと側板Ⓗ2枚をコの字型に置き、Ⓗ側から木ネジ24mmを2本ずつ打ち込み固定する。
5. ④に底板Ⓘをのせ、Ⓘ側から木ネジ24mmを9本等間隔に打ち込み固定する。
6. ⑤を裏返して前板Ⓕを合わせ、Ⓕ側からⒽに木ネジ24mmを2本ずつ打ち込み固定する。

Process 色を塗る&仕上げ

7. ③と⑥のすべてのダボ穴をダボ処理する(→P175)。
8. 本体と引き出しに白い塗料、天板に茶の塗料を塗る。乾いたら2度塗りする。
9. 脚の幕下Ⓑの内側と、引き出しの側板Ⓗの外側にレールを取り付ける。
10. 天板Ⓙを脚の上にのせ、Ⓙ側から木ネジ24mm6本を等間隔に打ち込み固定する。ダボ処理をして、ダボ部分に茶の塗料を塗る。
11. 引き出しに取っ手をつけて、本体にはめる。

※下穴は組み立てる前に開けておく(→P5)。

Cut List 木取り図

■ …端材の部分　※単位はミリ

SPF 2×2材(38×38×1820mm)×2本

SPF 2×2材(38×38×910mm)×1本

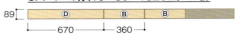
SPF 1×4材(19×89×1820mm)×1枚

ひのき材(13×90×1820mm)×1枚

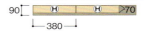
ひのき材(13×90×910mm)×1枚

ベニヤ板 ×1枚 (4×600×910mm)

パイン集成材 ×1枚 (17×450×910mm)

※すべての木材に紙やすりをかけておく。

Drawing 組み立て図

■ …接着面
● …ネジ(釘)穴の位置
● …ダボ穴の位置
※単位はミリ

How to make キッズチェア作り方

Process 下準備&色を塗る

1. 座面Ⓖの長辺の角2カ所を40mm四方に切り落とす。
2. 座面Ⓖ Ⓗ、背板Ⓔ Ⓕに茶の塗料を塗り、それ以外の木材は白い塗料を塗る。乾いたら2度塗りする。

Process 枠組みを作る

3. 脚Ⓐに横木Ⓒ2本を、Ⓐ側から木ネジ50mmを2本ずつ打ち込み固定する。
4. ③の反対側に脚Ⓑを③と同様にして取り付ける。同じものをもう1組作る。
5. ④の脚1組に横木Ⓓ4本、背板Ⓔ Ⓕを脚側から木ネジ50mmを2本ずつ打ち込み固定する。
6. ⑤の反対側にもう1組の④を同様にして固定する。

Process 仕上げ

7. ⑥の脚の上に座面Ⓖ Ⓗをのせ、Ⓖ Ⓗ側から木ネジ24mmを4本ずつ打ち込み固定する。
8. すべてのダボ穴をダボ処理し、ダボ部分に水性塗料を塗る。

Drawing 組み立て図

■…接着面
● …ネジ(釘)穴の位置
● …ダボ穴の位置
※単位はミリ

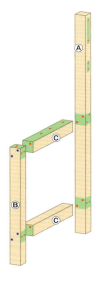
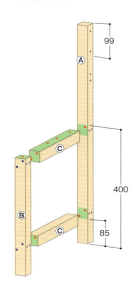

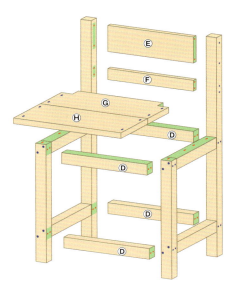

※下穴、ダボ穴は組み立てる前に開けておく(→P5)。

Cut List 木取り図

■…端材の部分 ※単位はミリ

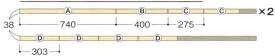
SPF 2×2材(38×38×1820mm)×3本

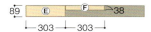
SPF 1×4材(19×89×910mm)×1枚

SPF 1×8材(19×184×910mm)×1枚

※すべての木材に紙やすりをかけておく。

Kids 19 キッズデスク&チェア

20 ティピー

Kids

秘密基地のような空間に子どもは大喜び間違いなし！ 円形のラグが滑り止めの役割を果たすとともに、インテリアのアクセントになっています。

Creator

川名恵介 さん

材 料 費：13000 円
制作時間：3 時間
難 易 度：★★☆☆☆

道具

- 差し金
- 鉛筆
- 裁ちばさみ
- ミシン
- 電動ドリルドライバー
- ドリルビット 8mm

材料

仕上がりサイズ
φ1500×H1700mm

- Ⓐ 丸棒（φ30×1820mm）…5本
- 麻布（上底90×下底892×高さ1550mm）…4枚
- 麻布（上底45×下底446×高さ1550mm）…2枚
- 綿ロープ（6mm×0.5m）…1本
- カブトピン（厚めの布をとめられるピン）…6本
- ラグ（φ1500mm）…1枚

※ラグがないと倒れやすく安定しないので必ず敷くこと。

Cut List 木取り図

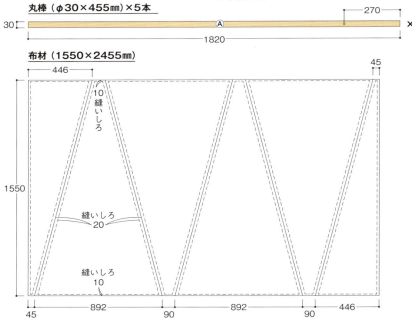

How to make **作り方**

Drawing **組み立て図**

Process
周りの布を作る

① 布を台形型に裁断し、上辺と底辺は縫いしろを5mmずつ2回内側に折り込んで縫う。6枚分繰り返す。

② ①の2枚を表面が内側になるように重ね、長辺の1辺の端から約20mmを直線縫いする。両側が細い布になるよう6枚を1辺ずつ縫いつなげていき、1枚の大きな扇形を作る。

③ ②の両端の2辺それぞれの縫いしろを内側に1回折り、端から約10mmを直線縫いする。

④ 扇形両端の上部を10cmほど重ね合わせて、上から15cm間隔に3カ所をカブトピン2本ずつでとめる。

※単位はミリ

270　穴の直径 8

※下穴は組み立てる前に開けておく(→P5)。

Process
組み立てる

⑤ 丸棒Ⓐの先端から27cmの位置にドリルビットで貫通穴を1カ所あける。Ⓐ5本分繰り返す。

⑥ ⑤の穴に綿ロープを通して5本を束ね、軽く1度結ぶ。

⑦ 束ねた丸棒Ⓐ5本の下部を円状に少し開いた状態で綿ロープを1周巻きつけ、ほどけないようにしっかりと結ぶ。

⑧ ラグの中央に⑦の丸棒Ⓐを揃えた状態で置き、④の布を上からかぶせる。五角錐になるように丸棒の下部を少しずつ開き、ラグの端まで脚を広げる。布の切れ目が入り口に来るよう整える。

Kids
20
ティピー

※乗ったり、寄りかかったりすると危険です。お子様が使用する場合は安全に十分お気をつけください。

Kids

21
ランドセルラック

作り方はシンプルですが、デザインに曲線を入れるだけで
かわいさがランクアップします。

Creator

末永京さん
材料費：8000円
制作時間：4時間
難易度：★★★☆☆

道具

- 差し金
- メジャー
- 鉛筆
- ノコギリ
- ジグソー
- 電動ドリルドライバー
- 下穴用ドリルビット2mm
- ドライバービット#2
- 木工用接着剤
- ハンドサンダー（紙やすり）
- ハケ
- ウエス

材料

仕上がりサイズ
W448×D410×H1130mm（1個分）

- Ⓐ 側板：シナランバーコア合板（18×410×1130mm）…2枚
- Ⓑ 棚板：シナランバーコア合板（18×340×412mm）…5枚
- Ⓒ 底板（引き出し）：
  シナランバーコア合板（18×314×382mm）…2枚
- Ⓓ 前板・背板（引き出し上段）：
  ファルカタ集成材（13×90×408mm）…2枚
- Ⓔ 側板（引き出し上段）：
  ファルカタ集成材（13×90×314mm）…2枚
- Ⓕ 前板・背板（引き出し下段）：
  ファルカタ集成材（13×148×408mm）…2枚
- Ⓖ 側板（引き出し下段）：
  ファルカタ集成材（13×148×314mm）…2枚
- Ⓗ 背板：ベニヤ（4×448×932mm）…1枚
- Ⓘ 渡し材：丸棒（φ30×412mm）…1本
- スリムビス（35mm）…85本程度
- 取っ手…2個
- 壁掛けフック…4個
- ブライワックス
- 水性塗料（「バターミルクペイント」Fancy Chair Yellow、Fancy Chair Green）

Cut List 木取り図

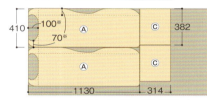

シナランバーコア
（18×910×1820mm）×2枚

※曲線を入れる場合は点線の範囲内に収める。

ファルカタ集成材
（13×200×1820mm）×1枚

ベニヤ（4×600×1820mm）×1枚

丸棒（φ30×910mm）×1本

※写真のように木の枝などの素材を使用してもOK。
※すべての木材に紙やすりをかけておく。

Kids 21 ランドセルラック

How to make 作り方

Process 下準備

1. 側板Ⓐ2枚の脚部分と前側に、好きな曲線を描き、ジグソーで切り落とす(→P176)。

Process 本体を組み立てる

2. 側板Ⓐに棚板Ⓑ5枚を、Ⓐ側からスリムビス3本ずつを打ち込み固定する。

3. ②の上部に丸棒Ⓘを合わせ、側板Ⓐ側からスリムビス1本を打ち込み固定する。

4. 反対側にもう1枚の側板Ⓐを②③と同様にして固定する。

5. いちばん上の棚板に背板Ⓗの上辺を合わせ、Ⓗ側から側板Ⓐにスリムビスを4本ずつ打ち込み固定する。

Process 引き出しを作る

6. 底板Ⓒの短辺に側板Ⓔ2枚を垂直に合わせ、Ⓔ側からスリムビス3本ずつで固定する。

7. ⑥に前板・背板Ⓓ2枚を、Ⓓ側からスリムビス7本ずつで固定する。

8. ⑥⑦と同様にして、底板Ⓒ、側板Ⓖ2枚、前板・背板Ⓕ2枚で引き出しを作る。

Process 色を塗る

9. 本体の側面と上から2枚の棚板の木口(→P173)、渡し材の丸棒、引き出しは水性塗料を塗る。本体の内側はブライワックスを塗る。

Process 仕上げ

10. 2つの引き出しにそれぞれ取っ手を取り付け、本体にはめる。側板Ⓐの好きな位置に壁掛けフックを取り付ける。

Drawing 組み立て図

■ …接着面
● …ネジ(釘)穴の位置
※単位はミリ

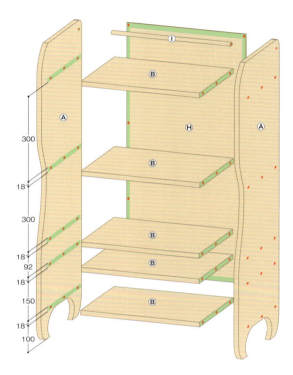

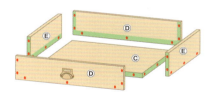

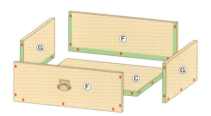

※下穴は組み立てる前に開けておく(→P5)。

Living 22

アクセサリーボックス

散らかりがちな小物の収納にちょうどいいサイズ。写真はほぞ組み(→P189)という上級技術が使われていますが、ここではダボ継ぎでの作り方を紹介します。

Creator

Hisayo さん

材料費：6000円
制作時間：10時間
難易度：★★★★☆

Cut List 木取り図

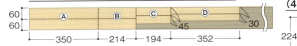

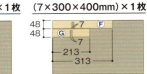

■ …端材の部分　※単位はミリ

※すべての木材に紙やすりをかけておく。

道具

- 差し金
- 定規
- 鉛筆
- ノコギリ
- トリマー
- ノミ（またはマイナスドライバー）
- 電動ドリルドライバー
- ダボビット6mm
- ドライバー
- ゲンノウ
- 木工用接着剤
- 紙やすり
- ハケ

材料　仕上がりサイズ　W352×H78×D254mm

- Ⓐ 前板・背板：アルダー無垢材（18×60×350mm）…2枚
- Ⓑ 側板：アルダー無垢材（18×60×214mm）…2枚
- Ⓒ 枠（ふた）：アルダー無垢材（18×45×194mm）…2枚
- Ⓓ 枠（ふた）：アルダー無垢材（18×30×352mm）…2枚
- Ⓔ 底板：シナベニヤ（4×224×324mm）…1枚
- Ⓕ 仕切り板：シナベニヤ（7×48×313mm）…1枚
- Ⓖ 仕切り板：シナベニヤ（7×48×213mm）…1枚
- Ⓗ 押さえ材：角材（5×9×272m）…2本
- Ⓘ 押さえ材：角材（5×9×204mm）…2本
- Ⓙ アクリル板（2×204×272mm）…1枚
- ダボ（6mm）…8個
- ミニ釘（10mm）…10本
- 蝶番…2個
- 油性塗料（「オスモカラー」クリア）

Plan view 平面図

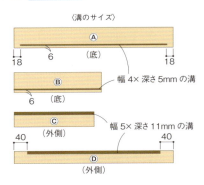

How to make 作り方

Process 下準備 ➡

① 平面図の通りに、前板・背板Ⓐ2枚、側板Ⓑ2枚、ふたの枠Ⓒ2枚、Ⓓ2枚にトリマーで溝を彫る（→P178）。

② 仕切り板ⒻとⒼの好きな位置に幅7mm、深さ24mmの印を付け、ノコギリで細かく切り込みを入れる。切り込み部分をノミで削り落とす。

③ 側板Ⓑ2枚の木口（→P173）にダボ穴をあけ、ダボ用マーカーで相手となる前板・背板Ⓐ2枚に印をつけてダボ穴をあける（→P66）。

④ 同様にして、ふたの枠Ⓒ2枚の木口にダボ穴をあけ、相手となる枠Ⓓ2枚にもダボ穴をあける。

Process ボックスを組み立てる

⑤ 側板Ⓑ2枚の片側のダボ穴に接着剤を入れてダボを差し込む。ダボの先端に接着剤を塗り、背板Ⓐをはめる(ダボ継ぎ→P66)。

⑥ ⑤の溝に底板Ⓔを差し込み、側板Ⓑと前板Ⓐを⑤と同様にダボ継ぎでつなぐ。

Process 色を塗る & ふたを作る

⑦ ⑥のボックスと残りの木材すべてに色を塗る。

⑧ ふたの枠Ⓒ2枚とⒹ2枚をダボ継ぎでつないで枠を作る。

⑨ ⑧の溝にアクリル板をはめ、周囲に押さえ材ⒽⒾ2本ずつをのせてⒽⒾ側からミニ釘10本を打ち込む。

Process 仕上げ

⑩ ②の仕切り板ⒻとⒼの切り込みを組み合わせて⑦のボックスに入れる。

⑪ ⑨のふたの内側とボックスの背板Ⓐ上部の蝶番を取り付ける位置2カ所ずつに、蝶番と同じ大きさ、厚さの溝をノミで彫る(→P43)。

⑫ ⑪の溝に蝶番2個を取り付け、ふたと本体をつなぐ。

• POINT •
ノミがなくて溝が彫れない場合は、蝶番をふたの長辺の側面と背板Ⓐの外側に取り付けてつなぐ。

Drawing 組み立て図

…接着面
…ネジ(釘)穴の位置
…ダボ穴の位置
※単位はミリ

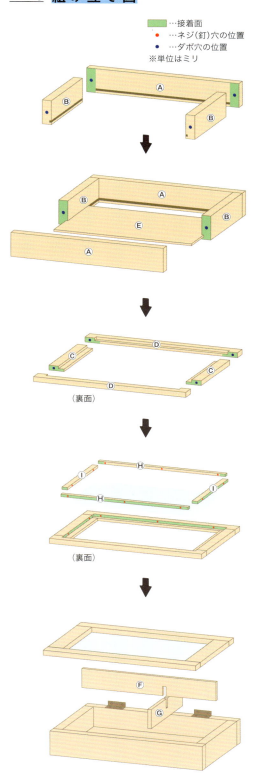

Living 22
アクセサリーボックス

Kitchen **23**

ディッシュラック①

丸棒をはめる工程は少し上級者向けで根気が必要。生活感が出やすいシンク周りをおしゃれに、また壁掛けにできるので省スペースにもなります。

Creator
川名恵介さん
材料費：3500円
制作時間：6時間
難易度：★★★☆☆

Cut List 木取り図

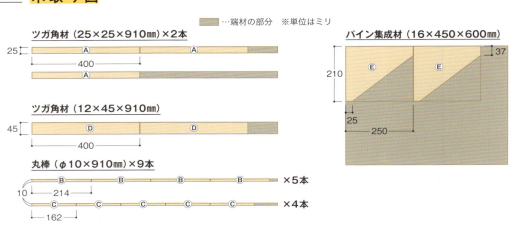

…端材の部分 ※単位はミリ

ツガ角材（25×25×910㎜）×2本
ツガ角材（12×45×910㎜）
丸棒（φ10×910㎜）×9本
パイン集成材（16×450×600㎜）

※すべての木材に紙やすりをかけておく。

道 具

- 差し金
- 鉛筆
- ノコギリ
- 電動ドリルドライバー
- 下穴用ドリルビット3mm
- ドリルビット10mm
- ドライバービット#2
- ゲンノウ
- 木工用接着剤
- ハンドサンダー(紙やすり)

材 料

仕上がりサイズ　W432×H250×D210mm

- Ⓐ 横板：角材 (25×25×400mm)…3本
- Ⓑ 丸棒 (φ10×214mm)…20本
- Ⓒ 丸棒 (φ10×162mm)…20本
- Ⓓ 背板：角材 (12×45×400mm)…2枚
- Ⓔ 側板：パイン集成材 (16×210×250mm)…2枚
- 木ネジ (40mm)…14本

How to make 作り方

Process　角材に穴をあける

① 横板Ⓐ2本の1面とⒶ1本の隣り合った2面に、端から10mmの位置から20mm間隔で丸棒をはめる穴の中心点を印付ける。3本並べて付けるとずれにくい。

② ドリルビットで①の印を中心に深さ7mmの穴をあける。

• POINT •
電動ドリルドライバーが木材に対して垂直になっていないと穴が曲がり、丸棒がはまりにくくなるので注意。

Process　組み立てる

③ 2面に穴をあけた横板Ⓐの穴1列に接着剤を入れて丸棒Ⓑをはめ、ゲンノウで丸棒の先端を叩いて奥まで差し込む。同様にして、もう1列の穴に丸棒Ⓒをはめる。

④ 残りのⒶ2本の穴に接着剤を入れ、③の丸棒の逆側にはめる。当て木をしてゲンノウで叩き奥まで差し込む。

⑤ 丸棒Ⓑ側の上下のⒶに背板Ⓓ2枚をそれぞれ上辺同士を合わせ、Ⓓ側から木ネジ3本ずつを打ち込む。
※置いて使用する場合、下のⒹはⒶの下辺に合わせる。

⑥ 側板Ⓔ2枚を⑤の両側にⒺ側から木ネジ3本ずつで固定する。

⑦ 壁に掛ける場合は、上下の背板Ⓓ側から壁に向かって木ネジを2本ずつ打ち込み固定する(P92写真参照)。

Drawing 組み立て図

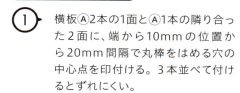

■ …接着面
● …ネジ(釘)穴の位置

※下穴は組み立てる前に開けておく(→P5)。

Kitchen **24**

ディッシュラック②

壁掛けタイプのディッシュラック。シンプルながら細部のデザインにこだわりが感じられます。スパイスラックとして使っても。

Creator

Hisayo さん

材料費：3400円
制作時間：半日
難易度：★★★☆☆

道具

① 差し金
② 定規
③ メジャー
④ マスキングテープ
⑤ クランプ
⑥ ノコギリ
⑦ カンナ
⑧ 電動ドリルドライバー
⑨ ドライバー
⑩ 金づち
⑪ 紙やすり
⑫ ハケ
● 鉛筆
● 下穴用ドリルビット 3mm
● ドリルビット 9mm
● ドライバービット #2
● 木工用接着剤
● 筆

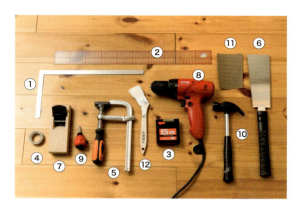

材料

仕上がりサイズ
W600×H712×D100mm

Ⓐ 側板：パイン集成材（12×100×700mm）…2枚
Ⓑ 棚板：パイン集成材（12×50×576mm）…2枚
Ⓒ 背板：パイン集成材（12×100×576mm）…2枚
Ⓓ 丸棒（φ9×600mm）…3本
Ⓔ 天板：パイン集成材（12×100×600mm）…1枚
● 木ネジ（30mm）…20本
● 水性塗料（「ミルクペイント」）

Cut List　木取り図

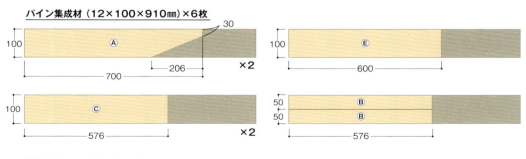

※すべての木材に紙やすりをかけておく。

Drawing 組み立て図

- 緑 …接着面
- 赤 …ネジ(釘)穴の位置
- ※単位はミリ

※下穴は組み立てる前に開けておく(→P5)。

How to make 作り方

Process 下準備

Start!

① 側板Ⓐ2枚にドリルビットで丸棒Ⓓの貫通穴を3カ所あける。Ⓐ2枚を重ね、マスキングテープで固定すると一度にあく。

Process 色を塗る

 ⇒

② 側板Ⓐ2枚の片側を斜めに切り、斜め部分の先端にカンナをあてて丸みをつける。カンナがない場合、紙やすりで削る。

③ すべての材料に水性塗料を塗る。乾いたら2度塗りする。

Process 組み立てる

 ⇒

④ 側板Ⓐに背板Ⓑ2枚と棚板Ⓒ2枚を、側板Ⓐ側から木ネジを2本ずつ打ち込み固定する。

⑤ 側板Ⓐの貫通穴に接着剤を入れ、丸棒Ⓓ3本を差し込む。丸棒の先を金づちで叩き、少し潰すと入りやすい(→P175)。

⑥ 丸棒Dの先端に端材をあて、上から金づちで叩いて奥まで差し込む。

⑦ 丸棒Dの先端に接着剤を塗り、もう1枚の側板Aを貫通穴に丸棒が入るようにしてのせる。

⑧ 貫通穴の部分に端材をあてて上から金づちで叩き、丸棒を端まではめる。

⑨ 側板A側から背板、棚板に木ネジ2本ずつを打ち込み固定する。

Process

仕上げ

⑩ 天板Eをのせて天板E側から側板Aに木ネジ2本ずつを打ち込み固定する。

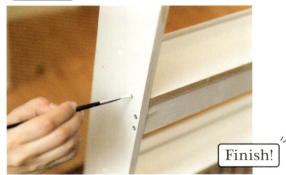

⑪ 側板、天板の木ネジの頭、丸棒の端が見えている部分に水性塗料を塗る。

Finish!

Kitchen 25

卓上収納ケース

ダイニングテーブルにも置ける小さめの収納ケース。扉付きで、ごちゃごちゃしがちな調味料もすっきり収納できます。

Creator
ゆぴのこさん

材料費：4500円
制作時間：2時間
難易度：★★★☆☆

道具

- 定規
- 鉛筆
- ノコギリ
- ソーガイド
- ダボ切りノコギリ
- 電動ドリルドライバー
- 下穴用ドリルビット3mm
- ドライバービット #2
- ダボビット6mm
- ゲンノウ
- 木工用接着剤
- ハンドサンダー（紙やすり）
- ハケ
- ウエス

材料 仕上がりサイズ W380×H250×D184mm

- Ⓐ 側板：SPF（19×184×231mm）…2枚
- Ⓑ 底板：SPF（19×184×342mm）…1枚
- Ⓒ 天板：SPF（19×184×380mm）…1枚
- Ⓓ 木枠（扉）：SPF（19×38×340mm）…2枚
- Ⓔ 木枠（扉）：SPF（19×38×189mm）…2枚
- Ⓕ 背板：ラワン合板（5.5×227×376mm）…1枚
- アクリル板（3×143×295mm）…1枚
- 木ネジ（35mm）…20本
- 釘（19mm）…10本
- ダボ（6mm）…12個
- タッピングネジ（10mm）…10本
- 取っ手…1個
- 蝶番…2個
- マグネットキャッチ…1個
- ワトコオイル

Cut List 木取り図

…端材の部分　※単位はミリ

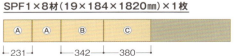

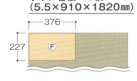

※すべての木材に紙やすりをかけておく。

How to make 作り方

Process 本体を組み立てる

1. 側板Ⓐの下から19mmの位置に底板Ⓑを合わせ、Ⓐ側から木ネジ3本で固定する。このときⒷの下に厚さ19mmの端材を敷いておくと作業しやすい。同様にして反対側にもう1枚の側板Ⓐを固定する。

2. ①に天板Ⓒをのせ、Ⓒ側から木ネジ6本を打ち込み固定する。

3. すべての穴にダボ処理をする。

Process 扉を作る

4. 木枠ⒹとⒺの両端をノコギリで45°に切る。

5. 木枠ⒹとⒺを四角形に並べ、Ⓓ側から木ネジ4本ずつを打ち込み固定する。

Process 色を塗る

6. 全体にワトコオイルを塗る。

Process 背板&パーツを取り付ける

7. 本体の背面に背板Ⓕをのせ、釘10本で固定する。

8. ⑤を裏返しておき、アクリル板をのせてタッピングネジ10本を電動ドリルドライバーで打ち込み固定する。

9. 扉に取っ手を取り付け、本体と扉を蝶番で固定する。

10. 本体底板の中央にマグネットキャッチを付属のネジで固定する。扉に付けるプレートを突起のある面を外側にしてマグネットキャッチに付ける。

11. ⑩の状態で扉を閉め、扉の裏にプレートの突起部分で印を付ける。印の位置にプレートを付属のネジで取り付ける(→P43)。

Drawing 組み立て図

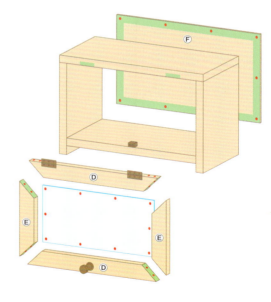

🟩 …接着面
🔴 …ネジ(釘)穴の位置
🔵 …ダボ穴の位置
※単位はミリ

※下穴、ダボ穴は組み立てる前に開けておく(→P5)。

Living 26

キャスター付きウッドボックス

シンプルな木箱も、金具やステンシルなどひと工夫加えることでこなれた印象に。キャスター付きなので移動も楽々!

Creator ゆぴのこさん

材料費:2700円
制作時間:2時間
難易度:★★☆☆☆

道具

- 定規
- 鉛筆
- ノコギリ
- 糸ノコ
- 電動ドリルドライバー
- ドリルビット24mm
- ドライバービット #2
- 木工用接着剤
- ハンドサンダー(紙やすり)
- ハケ
- スポンジ
- ウエス

材料　仕上がりサイズ　W410×H345×D270mm

- Ⓐ 側板:杉 (15×90×270mm)…6枚
- Ⓑ 前板・背板:杉 (15×90×380mm)…6枚
- Ⓒ 渡し材:杉 (30×30×270mm)…4本
- Ⓓ 底板:杉 (9×60×410mm)…3枚
- 木ネジ (35mm)…60本
- 木ネジ (16mm)…8本
- 木ネジ (10mm)…16本
- 金折…4個
- キャスター…4個
- ワトコオイル
- アクリル絵の具(黒・茶)
- ステンシルシート

Cut List 木取り図　…端材の部分　※単位はミリ

杉材(15×90×2000mm)×2枚

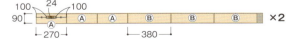

〈切り抜き位置〉
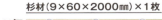

杉材(30×30×2000mm)×1本

杉材(9×60×2000mm)×1枚

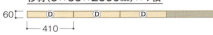

※すべての木材に紙やすりをかけておく。

How to make 作り方

Process 下準備

① 側板Ⓐ2枚の両端から100mmの位置に鉛筆で印をつけ、ドリルビット24mmで2カ所ずつ穴をあける。2つの穴を線でつなぎ、糸ノコで楕円状に切る。

Process 本体を組み立てる

② 前板Ⓑ3枚の長辺を木工用接着剤で貼り合わせる。同様にしてもう1組作る。

③ ①1枚と穴をあけていないⒶ2枚を①が上になるように木工用接着剤で貼り合わせる。同様にしてもう1組作る。

④ ②のⒷ3枚をつなぐように裏面の両端に渡し材ⒸをⒷ側から35mmの木ネジ6本ずつを打ち込み固定する。

⑤ ④2枚と③1枚を、Ⓐ側からⒸに35mmの木ネジ6本ずつを打ち込み固定する。

⑥ ⑤と③の残り1枚を同様に固定し、枠組を作る。

⑦ ⑥の底に底板Ⓓ3枚を等間隔に並べ、35mmの木ネジ4本ずつで固定する。

Process 色を塗る

⑧ 全体にワトコオイルを塗る。金折はアクリル絵の具2色を交互にスポンジで叩くようにして色を重ね、サビ加工に仕上げる。

Process パーツを取り付ける

⑨ 正面の四隅に⑧のL字金具を16mmの木ネジ2本ずつで固定する。

⑩ 底面の四隅にキャスターを10mmの木ネジ4本ずつで固定する。

⑪ 正面にステンシルシートで好きな文字を書く。

Drawing 組み立て図

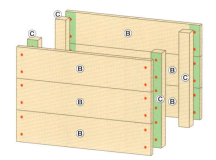

■ …接着面
● …ネジ(釘)穴の位置
※単位はミリ

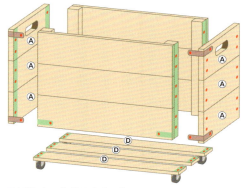

※下穴は組み立てる前に開けておく(→P5)。

Living **27**

グリーンスタンド

底板の角材を鉢植えの直径プラス60mm、囲いの角材を鉢植えの高さに合わせれば、さまざまなサイズの鉢植えに応用できます。

Creator
川名恵介さん
材料費：5000円
制作時間：1日
難易度：★★☆☆☆

Cut List **木取り図**

■…端材の部分　※単位はミリ

大：ひのき角材（30×30×1820mm）×3本

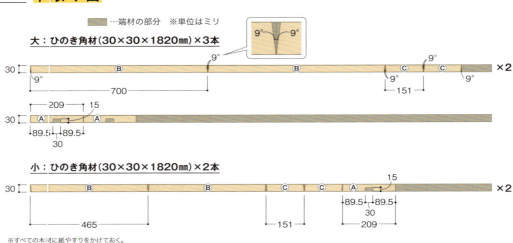

小：ひのき角材（30×30×1820mm）×2本

※すべての木材に紙やすりをかけておく。

道具

- 差し金
- 鉛筆
- ノコギリ（または丸ノコ）
- ソーガイド
  （→189、または丸ノコガイド）
- ノミ
- 電動ドリルドライバー
- ドライバービット #2
- ゲンノウ
- 木工用接着剤
- ハンドサンダー（紙やすり）

材料

仕上がりサイズ 大：W209×H881×D209mm
- Ⓐ 底板：角材（30×30×209mm）…2本
- Ⓑ 脚：角材（30×30×700mm）…4本
- Ⓒ 囲い板：角材（30×30×151mm）…4本
- 木ネジ（65mm）…4本

仕上がりサイズ 小：W209×H646×D209mm
- Ⓐ 底板：角材（30×30×209mm）…2本
- Ⓑ 脚：角材（30×30×465mm）…4本
- Ⓒ 囲い板：角材（30×30×151mm）…4本
- 木ネジ（65mm）…4本

How to make 作り方
※大小ともに作り方は同じ。

Process 角材に穴を空ける

1. 底板Ⓐ2本の側面の真ん中に鉛筆で幅30mm、深さ15mmの溝を彫るための印を付ける。

2. 丸ノコ（またはノコギリ）で①の印の内側に2〜3mm間隔で細かく切り込みを入れる。ゲンノウで切り込み部分を倒すようにして叩き折る。折った木片を取り除き、ノミで彫りすぎないように注意しながら切り口を整える。

3. 脚Ⓑ4本と囲い板Ⓒ4本の両端を丸ノコで平行に9°の角度をつけて切る。このとき角度が設定できる丸ノコガイドを使うと便利。

Process 組み立てる

4. 底板Ⓐの②で掘った溝の底に接着剤を塗り、もう1本のⒶの溝を噛み合わせるようにして2本を十字に組む。

5. 接着剤が乾いたら、④の十字の先の下側に、脚Ⓑを先端が地面と並行になるように合わせ、Ⓐ側から木ネジ1本を打ち込み固定する。同様にして残り3本のⒷも十字の先にそれぞれ取り付ける。

6. ⑤と同様に、囲い板Ⓒ4本を⑤の上側に先端が地面と並行になるように合わせ、接着剤で接着する。

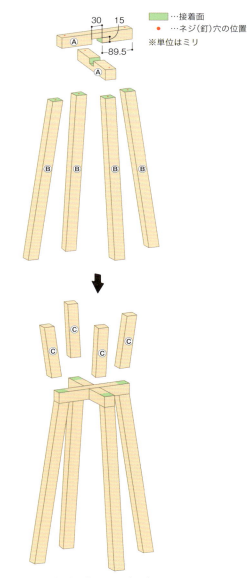

※下穴は組み立てる前に開けておく(→P5)。

28 マガジンラック

Living

散らかりがちな雑誌類をさっと片付けられるマガジンラック。シンプルなデザインなので、どんな部屋にも合います。

Creator
末永京さん
材料費：2000円
制作時間：2時間
難易度：★★☆☆☆

道具

- 差し金
- 鉛筆
- ノコギリ
- ダボ切りノコギリ
- ノミ
- 電動ドリルドライバー
- 下穴用ドリルビット2mm
- ドライバービット#2
- ダボビット8mm
- ゲンノウ
- 木工用接着剤
- 紙やすり
- ハケ

材料

仕上がりサイズ　W376×H230×D250mm

- Ⓐ 脚：SPF (19×38×310mm)…4枚
- Ⓑ 横板：SPF (19×38×300mm)…6枚
- 木ネジ (35mm)…24本
- ダボ…24個
- ワトコオイル
- 水性塗料（「DIYペンキ スタイル ミスティグリーン」）

Cut List 木取り図

SPF 1×2材 (19×38×1820mm)×2枚

　…端材の部分　※単位はミリ

38 | Ⓑ | Ⓑ | Ⓑ | Ⓐ | Ⓐ | ×2
300　　310　　20　120

※すべての木材に紙やすりをかけておく。

How to make 作り方

Process 下準備

1. 脚Ⓐのかみ合わせる部分に幅20mm、深さ20mmの溝を彫るための印を付ける。
2. ノコギリで①の印の内側に2～3mm間隔で細かく切り込みを入れる。ゲンノウで切り込み部分を倒すようにして叩き折る。折った木片を取り除き、ノミで彫りすぎないように注意しながら切り口を整える。

Process 組み立てる

3. 脚Ⓐに横板Ⓑ3枚を合わせ、脚Ⓐ側から木ネジを2本ずつ打ち込む。
4. ③の反対側に別の脚Ⓐをくぼみ部分が同じ方向を向くように合わせ、脚Ⓐ側から木ネジ2本ずつで固定する。
5. ③④を繰り返して、もう1組作る。
6. すべてのダボ穴をダボ処理する（→P175）。

Process 仕上げ

7. 好みの塗料で色を塗る。
8. くぼみ部分をかみ合わせる。

Drawing 組み立て図

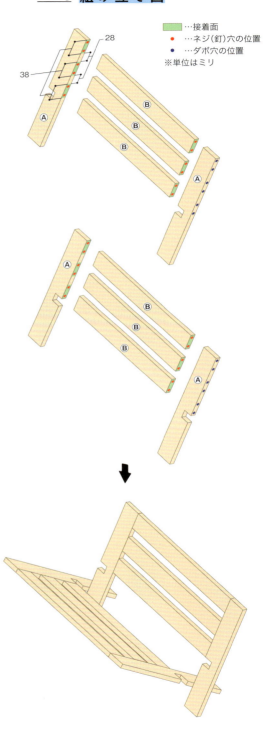

- …接着面
- …ネジ(釘)穴の位置
- …ダボ穴の位置

※単位はミリ

※下穴は組み立てる前に開けておく(→P5)。

Remake 01

100均リメイク　鍵収納

玄関に取り付けておけば、出かける直前に「鍵がない！」なんてあわてることもなく、身だしなみまでチェックできます。

Creator

奥野敦子さん

材 料 費：1000円
制作時間：30分
難 易 度：★☆☆☆☆

Close!

道具

① 定規
② 鉛筆
③ ハサミ
④ プラスドライバー
⑤ キリ
⑥ 木工用接着剤
⑦ 両面テープ
● ノコギリ

材料

仕上がりサイズ
W157×H195×D70mm

Ⓐ 木製トレイ（34×147×195mm／100円ショップ「Seria」）…2個
Ⓑ 角木（12×12×133mm）…1本
● ウォールラインステッカー…適量
● 鏡（108×148mm）…1個
● ミニミニフック…3個
● 鉄板風シート…適量
● 蝶番…2個
● アーチ型留め金…1個
● 取っ手…1個
● 三角吊り金具…2個

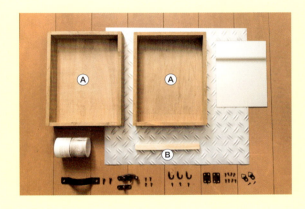

Remake 01
100均リメイク 鍵収納

Drawing 組み立て図

■…接着面
●…ネジ(釘)穴の位置
※単位はミリ

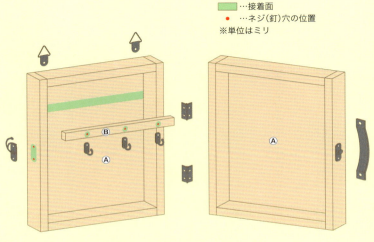

※下穴は組み立てる前に開けておく(→P5)。

107

How to make **作り方**

Start!

Process **下準備**

①　木製トレイⒶ2個の内側にウォールラインステッカーを敷き詰めるように貼る。

Process **組み立てる**

 ⇒

②　①の片方に鏡を両面テープで貼り付ける。

③　もう一方の内側上部に、木製トレイの幅に合わせて切った角木Ⓑを接着剤で貼り付ける。

 ⇒

④　③の角木のフックを取り付ける位置に鉛筆で印を付け、キリで少し下穴を開ける。

⑤　④の印の位置にフックを取り付ける。

⑥ ②の外側にサイズに合わせて切った鉄板風シートを貼る。

⑦ ⑤と⑥を合わせて、長辺の片側上下2カ所に蝶番を取り付ける。

⑧ ⑦の反対側にアーチ型留め金を取り付ける。

⑨ ⑥でシートを貼った面に取っ手を取り付ける。

Finish!

⑩ 裏側上部の両端に三角吊り金具を取り付ける。

Remake 01 ― 100均リメイク 鍵収納

Remake 02

100均リメイク　道具箱

上の段がスライドして本格的な工具箱のようです。
DIYの工具を入れても、小物を収納してもOK。

Creator
奥野敦子さん
材料費：1200円
制作時間：2時間
難易度：★★☆☆☆

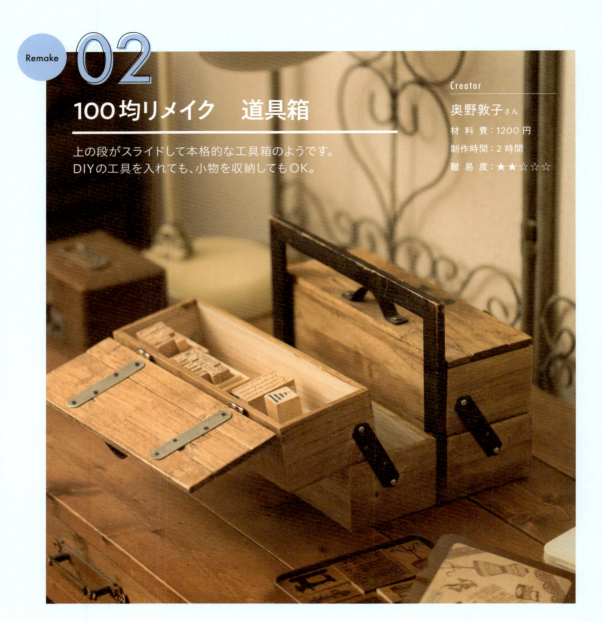

道具

- 差し金
- 鉛筆
- ペンチ
- ノコギリ
- プラスドライバー
- ゲンノウ
- 木工用接着剤
- 紙やすり
- ウエス

材料　仕上がりサイズ　W240×H180×D180mm

- Ⓐ すのこ(400×250mm／100円ショップ「ダイソー」)…1枚
- Ⓑ すのこ(350×250mm／100円ショップ「ワッツ」)…1枚
- 木箱 (60×84×240mm／100円ショップ「ダイソー」)…4個
- ステー…8個
- 取っ手…2個
- フォトフレームA5版…1個
- 木ネジ (5mm)…32本
- 木ネジ (10mm)…4本
- 釘 (10mm)…16本
- ボルト、ナット…8セット
- 蝶番…4個
- ブライワックス
- ラッカースプレー (黒)
- 赤スタンプ(赤錆装飾用)

How to make 作り方

Process 下準備

1. すのこを裏面からゲンノウで叩き、ペンチで釘を外して解体する。すのこⒶの板2枚とⒷの板4枚を木箱の長さに合わせてノコギリで切る。

2. ①と木箱にブライワックスを塗る。

3. フォトフレームは金具をすべて外し、フレーム部分をラッカースプレーと赤スタンプで塗装する。

Process 組み立てる

4. ①のⒶ1枚をⒷ2枚で挟むようにして接着剤で貼り合わせる。裏面の2カ所にステーを5mmの木ネジ4本ずつで取り付ける。同様にしてもう1組作る。

5. 木箱Ⓒの底に③のフレームⒹを合わせ、Ⓓ側から釘8本を打ち込み固定する。フレームⒹを挟むようにしてもう1つの木箱Ⓒを合わせ、木箱の内側から釘8本を打ち込み固定する。釘が打ちにくい場合は、ゲンノウを横に寝かせ、側面で打つ。

6. ⑤の木箱の上部中央にステーの片側をボルトとナット1組ずつで取り付ける。左右4カ所を同様に。

   • POINT •
   きつく締めすぎると動かなくなるため、動きを確認しながらボルトとナットで固定する。

7. ⑥の木箱に残りの木箱2つを重ねる。⑥で取り付けたステーのもう一方を内側に斜めになるよう上の木箱にボルトとナット1組で取り付ける。同様にして、位置と動きを確認しながら、左右4カ所を固定する。

8. ④のふた2組を上段の木箱の外側に5mmの木ネジ4本ずつで蝶番2個ずつで取り付ける。ふたのフレーム側中央にそれぞれ取っ手を10mmの木ネジ2本ずつで取り付ける。

Drawing 組み立て図

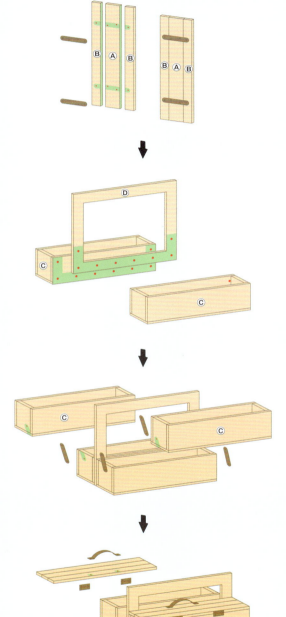

※すべての木材に紙やすりをかけておく。
※下穴は組み立てる前に開けておく(→P5)。

Remake 03

100均リメイク キッチンショーケース

キッチンがカフェ風に変身！
フレームのサイズや使う枚数を変えれば
大きさも簡単にアレンジできます。

Creator

sora-rarara さん
材料費：1000円
制作時間：1時間
難易度：★☆☆☆☆

道具

- 差し金
- 鉛筆
- ペンチ
- ノコギリ
- ドライバー
- ゲンノウ
- 木工用接着剤
- 紙やすり
- ハケ
- ウエス

材料

仕上がりサイズ
W210×H160×D130mm

- Ⓐ 側板：工作材（9×120×160mm ／ 100円ショップ「Seria」）…2枚
- Ⓑ 天板：工作材（9×60×190mm ／ 100円ショップ「Seria」）…1枚
- Ⓒ 棚板：工作材（9×60×190mm ／ 100円ショップ「Seria」）…1枚
- Ⓓ 底板：工作材（9×120×190mm ／ 100円ショップ「Seria」）…1枚
- Ⓔ フォトフレーム（2L判サイズ160×208mm ／ 100円ショップ「Seria」）…1枚

- 釘（19mm）…14本
- 取っ手（100円ショップ「Seria」）…1個
- 蝶番（100円ショップ「Seria」）…2個
- 水性塗料（「アレスアーチ アーチクリーム」、「水性ニス ウォールナット」／ 100円ショップ「ダイソー」）

Cut List 木取り図

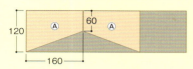
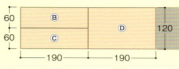
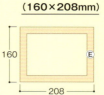

※すべての木材に紙やすりをかけておく。

How to make 作り方

Process **木枠を作る**

① フォトフレームは金具をドライバーやペンチで取り外し、背板を外す。

Process **色を塗る**

② ①に水性塗料（白）を塗り、工作材に水性塗料（茶）を塗る。

Process **組み立てる**

③ 側板Ⓐに天板Ⓑ、棚板Ⓒを側板Ⓐ側から釘2本ずつを打ち込み固定する。棚板Ⓒは好みの位置でOK。

④ ③に底板Ⓓを側板Ⓐ側から釘3本を打ち込み固定する。

⑤ 反対側にもう1枚の側板Ⓐを、③④と同様にして固定する。

⑥ ②のフォトフレームに付属のアクリル板を接着剤で接着し、取っ手を付属の木ネジで取り付ける。

⑦ ⑥と本体に蝶番2個を付属の木ネジで取り付けてつなぐ。

Drawing 組み立て図

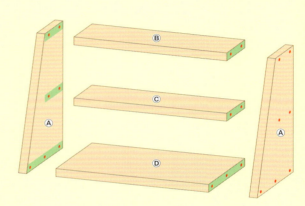
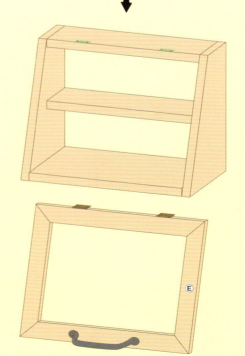

※下穴は組み立てる前に開けておく(→P5)。

Remake 04

100均リメイク　すのこ収納

コンパクトサイズなので、ちょっとしたすき間を有効活用。
ブライワックスなら100均のすのこがヴィンテージ風に！

Creator

奥野敦子さん

材料費：800円
制作時間：1時間
難易度：★☆☆☆☆

道具

- 差し金
- 鉛筆
- ノコギリ
- ゲンノウ
- 木工用接着剤
- 紙やすり
- ウエス

材料

仕上がりサイズ
W280×H456×D143

- Ⓐ Ⓒ すのこ(200×450／100円ショップ「Seria」)…2枚
- Ⓑ 木箱(48×100×265／100円ショップ「Seria」)…1個
- ワイヤーバスケット
  (110×170×260／100円ショップ「Seria」)…2個
- 釘(20mm)…4本
- 釘(12mm)…16本
- ブライワックス
- プレートモビール(100円ショップ「Seria」)…好みで

How to make 作り方

Process 下準備

1. 側板Ⓐと天板Ⓒを作る。すのこを板3枚と1枚に切り分け、はみ出た下駄部分を切り落とし、280mmに切る。もう1つのすのこも同様にする。木箱Ⓑは紙やすりをかけてプリントを消す。

2. ①にブライワックスを塗る。

Process 本体を組み立てる

3. 側板Ⓐ2枚のいちばん下の棚受け(すのこの下駄の部分)に木箱をのせて、Ⓐ側から12mmの釘8本ずつを打ち込む。

4. 天板Ⓒ2枚を③上部の前後にのせ、20mmの釘2本ずつを打ち込む。

5. すのこのゲタの部分にワイヤーバスケット2つを引っ掛け、好みでプレートモビールを取り付ける。

Drawing 組み立て図

■…接着面　■…端材の部分
●…ネジ(釘)穴の位置
※単位はミリ

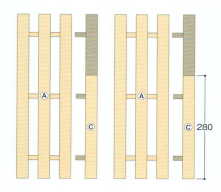

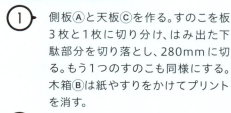

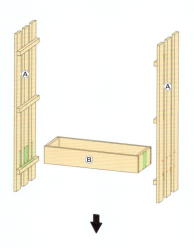

※すべての木材に紙やすりをかけておく。
※下穴は組み立てる前に開けておく(→P5)。

Remake 04
100均リメイク　すのこ収納

Remake 05

100均リメイク 卓上収納

カトラリーや文房具など、散らかりがちな小物を便利に収納！

Creator

奥野敦子さん

材 料 費：1400円
制作時間：1.5時間
難 易 度：★☆☆☆☆

道具

- 差し金
- 鉛筆
- ノコギリ
- ハサミ
- プラスドライバー
- ゲンノウ
- 木工用接着剤
- 紙やすり
- ウエス

材料

仕上がりサイズ W270×H232×D99mm

- Ⓐ 側板：工作材（9×90×214mm）…2枚
- Ⓑ 棚受け：角材（9×9×91mm）…6本
- Ⓒ 天板・底板：工作材（9×90×270mm）…2枚
- Ⓓ 背板：工作材（9×232×270mm）…1枚
- 木箱（45×84×250mm／100円ショップ「ダイソー」）…4個
- アイアンバー付き木製ラック（100円ショップ「Seria」）…1個
- 釘（15mm）…20本
- 釘（10mm）…20本
- 木ネジ（7mm）…4本
- リメイクシート（鉄板風／100円ショップ「Seria」）…適量
- 半円形ドアノブ（100円ショップ「ダイソー」）…4個
- ブライワックス

Cut List 木取り図

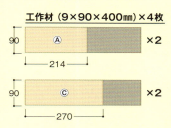

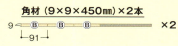

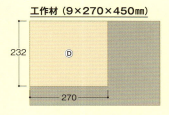

※すべての木材に紙やすりをかけておく。

Drawing 組み立て図

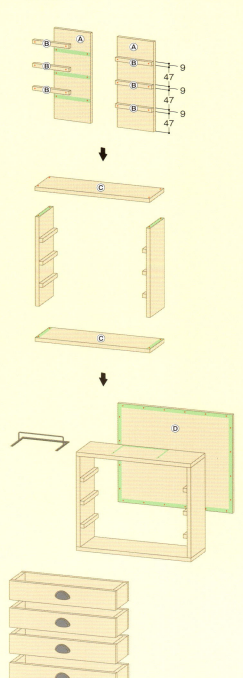

※下穴は組み立てる前に開けておく(→P5)。

How to make 作り方

Process 木枠を作る

1. 側板Ⓐ1枚に棚受けⒷ3本をⒷ側から15mmの釘2本ずつを打ち込み固定する。同様にしてもう1組作る。

2. ①と天板・底板Ⓒ2枚で木枠を作り、Ⓒ側から15mmの釘4本ずつを打ち込み固定する。

3. 背板Ⓓを合わせ、Ⓓ側から10mmの釘20本を等間隔に打ち込み固定する。

4. ③にブライワックスを塗る。

Process 引き出しを作る・仕上げ

5. 木箱4個の表面にリメイクシートを貼り、それぞれに半円形ドアノブを付属のネジで取り付ける。

6. アイアンバー付き木製ラックからアイアンバーを取り外し、7mmの木ネジ4本で天板Ⓒに取り付ける。

Remake

06

100均リメイク　飾り棚①

フォトフレームと木箱を組み合わせるだけ。
お気に入りの小物をディスプレイしましょう。

Creator

奥野敦子 さん

材料費：800 円
制作時間：30 分
難易度：★☆☆☆☆

道具

- ペンチ
- プラスドライバー
- 木工用接着剤
- 紙やすり
- ウエス

材料

仕上がりサイズ
W240×H178×D69mm

- Ⓐ フォトフレーム（A5版／100円ショップ「ダイソー」）…1枚
- Ⓑ 木箱（60×85×240mm／100円ショップ「ダイソー」）…2個
- 3Dタイルステッカー（100円ショップ「ダイソー」）…適量
- 取っ手（100円ショップ「Seria」）…1個
- 蝶番（100円ショップ「Seria」）…2個
- アーチ型留め金（100円ショップ「Seria」）…1個
- 三角吊り金具（100円ショップ「Seria」）…2個
- ブライワックス

How to make 作り方

① フォトフレームⒶは木枠の金具をペンチで外し、全体にブライワックスを塗る。

② Ⓐのフレームに付属のアクリル板を接着剤で接着する。

③ 木箱Ⓑ2個の底にタイルステッカーを貼り、長辺を接着剤で接着する。

④ ③に②をのせ、側面の上下に蝶番1個ずつ、反対側にアーチ型留め金を取り付ける。

⑤ 扉に取っ手、背面上部の両端に三角吊り金具を取り付ける。

Drawing 組み立て図

　■…接着面
　●…ネジ(釘)穴の位置

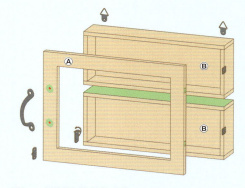

※すべての木材に紙やすりをかけておく。
※下穴は組み立てる前に開けておく(→P5)。

Remake 07

100均リメイク　飾り棚②

背板に貼るリメイクシートを変えるだけで
雰囲気が変わるので、好きな柄で試してみて。

Creator
奥野敦子さん

材 料 費：550 円
制作時間：30 分
難 易 度：★☆☆☆☆

道具
- ハサミ
- プラスドライバー
- ゲンノウ
- 木工用接着剤
- ウエス

材料
仕上がりサイズ
W450×H250×D69mm

- Ⓐ 背板：工作材（9×250×450mm／100円ショップ「ダイソー」150円商品）…1枚
- Ⓑ 底板：工作材（12×60×400mm／100円ショップ「ダイソー」）…1枚
- リメイクシート（タイルブラック／100円ショップ「Seria」）…適量
- アイアンウォールバー（100円ショップ「Seria」）…1個
- 釘（10mm）…7本
- 木ネジ（10mm）…4本
- 三角吊り金具（100円ショップ「Seria」）…2個
- ブライワックス

How to make 作り方

1. 背板Ⓐの前面にリメイクシートを貼る。
2. ①の周囲と底板Ⓑに、ブライワックスを塗る。
3. 背板Ⓐの下部に底板Ⓑを合わせ、Ⓐ側から釘7本を等間隔で打ち込み固定する。
4. ③の表面にアイアンウォールバーを木ネジ4本で固定する。
5. 背面上部の両端に三角吊り金具を取り付ける。

Drawing 組み立て図

- 🟩 …接着面
- 🔴 …ネジ（釘）穴の位置

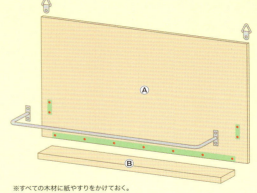

※すべての木材に紙やすりをかけておく。
※下穴は組み立てる前に開けておく（→P5）。

100均リメイク　すのこ棚

すのこを切って組み合わせた簡単収納。タオルも掛けられて、キッチンやランドリースペースで重宝します。

Creator

奥野敦子さん
材料費：500円
制作時間：40分
難易度：★☆☆☆☆

道具

- 差し金
- 鉛筆
- ノコギリ
- プラスドライバー
- ゲンノウ
- 木工用接着剤
- 紙やすり
- ウエス

材料

仕上がりサイズ
W430×H235×D105mm

- すのこ（220×400mm／100円ショップ「ワッツ」）…3枚
- アイアンウォールバー（100円ショップ「Seria」）…1本
- 釘（10mm）…30本
- 木ネジ（10mm）…4本
- 三角吊り金具…2個
- ブライワックス

How to make 作り方

① すのこ1枚を板2枚ずつに切り分け、前板Ⓐと底板Ⓑを作る。すのこもう1枚を板2枚ずつに切り分け、それぞれを横半分に切り側板Ⓒを作る。

② すべてにブライワックスを塗る。

③ 残りのすのこ1枚を背板Ⓓにして側板Ⓒ2枚を合わせ、Ⓒ側から釘7本ずつを打ち込む。

④ 同様に前板Ⓐを③に合わせ、Ⓒ側から釘4本ずつを打ち込み、底板ⒷをⒸ側から釘4本づつで固定する。

⑤ アイアンウォールバーを前板Ⓐに木ネジ4本で固定する。背面上部の両端に三角吊り金具を取り付ける。

Drawing 組み立て図

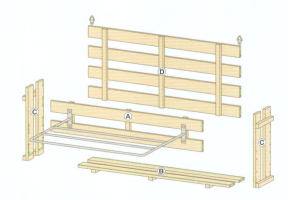

　…接着面
●…ネジ（釘）穴の位置

※すべての木材に紙やすりをかけておく。
※下穴は組み立てる前に開けておく（→P5）。

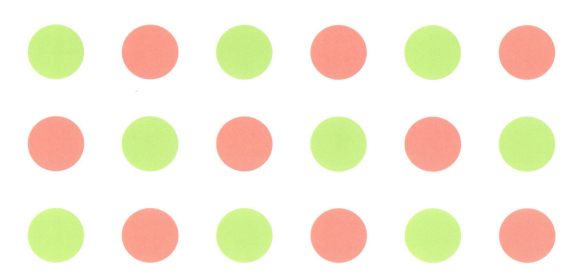

Part.2
DIYリフォーム
REFORM

「リフォーム」というと大掛かりで難しそうなイメージですが、
実は作業自体はシンプルなものが多いのです。
基本のテクニックでできるプチリフォームで
毎日過ごす空間を自分好みに変えてみませんか？

Let's try DIY Reform !

DIYでリフォームしよう！

いざ施工を始めてから困らないように、DIYリフォームの大まかな流れをおさえておきましょう。

 リフォームしたい場所の できあがりをイメージ

家の中のどこをどのようにリフォームするのか、考えておきます。DIYリフォームは大掛かりになることが多いので、P124以降のリフォームの種類を参考に、かかる時間や作業場所などをシミュレーションしましょう。

 リフォームOKかどうか あらかじめ確認！

賃貸住宅の場合は大家さんの許可が必要です。また分譲でも、マンションの場合は要注意。玄関ドアやバルコニーは「共用部分」にあたるため、勝手にリフォームすることはできません。

Change Your Room Into A Favorite!

 STEP 3 サイズを測って材料を割り出す

リフォームしたい場所のサイズを測ります。部屋や壁など広い面積を測る場合は、必ず左端、真ん中、右端の3カ所を測りましょう。目視では気がつかなくても、測ってみるとわずかでも歪んでいることが多いためです。

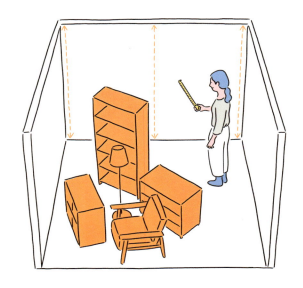

 STEP 4 道具や材料を揃えてリフォーム開始！

必要な道具や材料を、ホームセンター等で揃えたら作業開始です。電動丸ノコなどの電動工具を使用する場合や床の張り替えは、作業の音が大きくなるので、近隣の方には事前にひと声かけておきましょう。

REFORM 01

Creator

末永京 さん

材 料 費：3000 円
制作時間：30 分
難 易 度：★☆☆☆☆

ビニール壁紙を貼る

国産の壁紙に多く、日本で最も普及しているのがビニール壁紙。種類が豊富で価格帯が安いので、気軽に試して部屋のイメチェンを楽しみましょう。

Before

After

RE FORM 01 — ビニール壁紙を貼る

道具

① カッター
② のりベラ
③ 竹ベラ
④ 地ベラ
⑤ なでバケ
⑥ ジョイントローラー
⑦ スポンジ
⑧ 乾いた布
● 鉛筆
● 5円玉
● ひも
● 押しピン

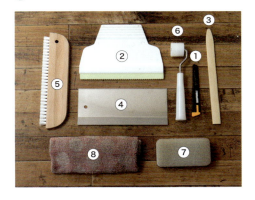

材料

壁紙…5m
壁紙用のり(でんぷん系のり)…1袋

POINT

表面がざらっとした無地の壁紙なら、キレイに貼れなくても目立たないので、初心者におすすめ。壁紙によって適するのりが違うので、パッケージの表示をよく確かめて。

採寸

壁のサイズを測り、必要な壁紙の量を計算する。

①壁紙1枚の長さを出す→225cm(壁の高さ)+10cm(上下の切りしろ分)=235cm
②必要な枚数→180cm(壁の幅)÷約90cm(切りしろを抜いた壁紙の幅)=2枚
③必要な壁紙の総数を出す→235cm×2枚=470cm必要。
　ビニール壁紙は1m単位で購入可能なので、5m購入。

5mの壁紙を235cm(①)×2枚(②)に切っておく。

Process 手順 　**下準備**

壁紙の継ぎ目にカッターの刃を少し差し込んでめくり口を作るとはがしやすい。

① 壁紙を貼る壁の周囲四辺にカッターで切れ目を入れ、壁紙をはがす。薄い裏紙は残ったままでOK。

② 壁の右端から90cm計って上部に鉛筆で印を付け、重りを付けた糸の端を押しピンで印に固定する。

③ 糸に沿って数カ所に印を付け、1枚目の壁紙をきれいに垂直に貼るための目印にする。

重りは、5円玉や50円玉を使うと便利。糸を穴に通し、結んで垂らすと簡単に垂直線を出すことができる。

④ 壁紙裏面にのりをたっぷりのせ、一面が真っ白になるようのりベラでのばす。少ないとうまく貼れないので注意。

1枚目を貼る

⑤ のりを付けた面同士を合わせるように蛇腹状にたたみ、5分ほどおいてなじませる。使う壁紙すべて同様に。

⑥ 上下5cmほど切りしろを余らせるようにし、③でつけた印に合わせて上から下に向けて貼っていく。

⑦ 中心から外側へ空気を抜くように手でなでつける。空気が入ってしまったら、一度はがして貼り直す。

⑧ のりが乾くまでは動かせるので、壁紙をずらして垂直になるように微調整する。

⑨ 位置が決まったら、なでバケを使って中心から外側へ上下左右になでてしっかりと空気を抜く。

⑩ 竹ベラで壁の右端をなぞるようにして折り目を付ける。上下も同様に。はみ出したのりは、水に濡らし絞った布でふき取る。

⑪ 上端の折り目を付けたところに地ベラを
しっかりとあて、地ベラに沿ってカッター
で余分な壁紙を切り落とす。

・POINT・
カッターのガイドになる地ベラは、壁から離さな
いようスライドさせながら切り進める。

⑫ 下端、右端の余分を⑪と同様にして切り
落とす。カッターの切れ味が悪いときれ
いに切れないため、刃はこまめに折る。

・POINT・
カッターのお尻部分に刃折器がついていない場
合は、カッターを裏返して、端材などで押さえな
がら刃先を下に押し付けると折れる。

2枚目を貼る

⑬ 1枚目と5cmほど重なるようにして上か
ら2枚目を貼り、⑥〜⑩を繰り返す。垂直
のラインは1枚目に合わせる。

⑭ 上下と左端の余分を⑪と同じように切り
落とす。3枚以上貼る場合は左端は切ら
ずに、次の工程へ進む。

継ぎ目を合わせる

⑮ 1枚目と2枚目の重なっている部分を少しめくって重なりを確認し、その中央に地ベラを押しあて上から2枚重ねてカッターで切る。

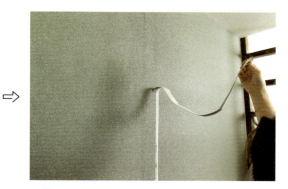

⑯ 上に重なった壁紙の切り取った余分を取り除く。

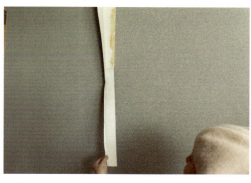

⑰ 上になっている壁紙（2枚目）の天井側を少しめくり、下になっている壁紙（1枚目）の余分も取り除く。

⑱ ジョイントローラーを転がしながら継ぎ目の上をなぞり、しっかり圧着する。3枚以上貼る場合は⑬に戻る。

仕上げ

Finish!

⑲ 水に濡らし固く絞ったスポンジで、はみ出したのりをふき取り、乾いた布で水分をふく。

POINT

継ぎ目に隙間ができてしまった場合は、左右から継ぎ目部分に向かってローラーを押し転がすと、隙間が閉じる。

REFORM 02

Creator
川名恵介 さん

材 料 費：30000円
制作時間：1日
難 易 度：★★★☆☆

After
フリース壁紙を貼る

フリース（不織布）壁紙は輸入壁紙に多く、
壁に直接のりを塗って貼ります。
輸入壁紙は1枚の幅が50cm程度で
狭いため、DIYで扱いやすいのも魅力。

Before

道具

① マスカー
② カッター
③ 竹ベラ
④ 地ベラ
⑤ ジョイントローラー
⑥ ハケ
⑦ ローラーバケ
⑧ なでバケ
⑨ ローラーバケ用トレイ
⑩ スポンジ

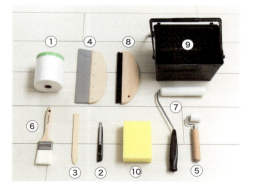

材料

- 壁紙（53cm×10m）…3ロール
- 輸入壁紙施工専用のり…1袋

採寸

壁のサイズを測り、必要な壁紙の量を計算する。
（幅53cm、柄リピート60cm 1/2ステップ、1ロール10mの壁紙の場合）

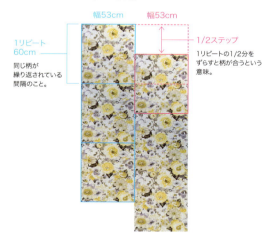

幅53cm
幅53cm
1リピート 60cm
同じ柄が繰り返されている間隔のこと。
1/2ステップ
1リピートの1/2分をずらすと柄が合うという意味。

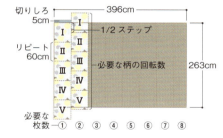

切りしろ 5cm
396cm
1/2ステップ
リピート 60cm
必要な柄の回転数
263cm
必要な枚数

①396.3cm（壁の幅）÷53cm（壁紙の巾）＝ 約7.5
→ 8巾（必要な枚数）

②263.2cm（天井高）÷60cm（柄リピート）＝ 約4.4
→ 5回転（1枚の柄数リピート）
（柄リピート60cm）×回転数5＝300cm

③300cm×8巾＝2400cm
のりしろやステップリピートを考慮して1割多めに見積もる
→ 2640cm
1ロール10m（1000cm）なので、今回は3ロール必要

Process 手順

下準備

・のりを作る
・コンセントのカバープレートを外す
・養生をする（→P189）

RE FORM 02

フリース壁紙を貼る

1枚目を貼る

① ローラーバケを使い、壁に直接のりをたっぷりと塗る。角はハケを使って念入りに塗る。

② 壁紙を端に合わせ、上下5cmほど切りしろを余らせて貼る。位置が決まったらなでバケを使って中心から外側へなでて空気を抜き、しっかりと貼る。

③ 上下に竹ベラでしっかりとクセを付け、地ベラをあてて余分をカッターで切る（→P128）。

2枚目以降を貼る

④ 1枚目と柄がつながるように2枚目の位置を決め、②③と同様に貼る。ジョイントローラーで継ぎ目を圧着する（→P129）。これを最後から2列目まで繰り返す。

⑤ 最後の1枚を貼り、③と同様にして余分をカッターで切る。水に濡らして固く絞ったスポンジではみ出したのりをふき取る（→P129）。

Finish!

POINT

コンセント部分は覆うように壁紙を貼り、対角線に切込みを入れる。コンセント部分のサイズに合わせて、余分を切り取る。

REFORM 03

Creator

末永京 さん

材 料 費：6500円
制作時間：4時間
難 易 度：★☆☆☆☆

壁にペンキを塗る

アクセントウォールとして壁の一面だけ
色を変えてイメージチェンジ。
壁紙の上から塗れる塗料を選ぶことがポイントです。

Before

→

After

道具

① マスカー
② マスキングテープ
③ ハケ
④ ローラーバケ
⑤ バケツ
⑥ ビニール手袋
● 雑巾

材料

仕上がりサイズ
W770×H910×D356mm

Ⓐ 水性塗料
（「STYLE DIYペンキ アイスグレイ」）…2ℓ
※2度塗りする場合

Process 手順

下準備

Start!

① 壁の汚れを雑巾で拭き取る。

② 巾木や廻り縁と壁の境目に沿って、壁の周囲にマスキングテープを貼り養生する。窓枠と壁の境目も同様に。

色を塗る

③ マスカーで部屋全体を養生する。エアコンや窓なども忘れずに。

④ 色が均一になるよう塗料の容器をよく振り、バケツに入れる。ハケで端や角から塗る。

⑤ 窓枠など障害物との境目もハケで先に塗る。

⑥ ローラーバケに塗料をたっぷり染み込ませ、ネットで余分な塗料を落とす。

⑦ 広い面にローラーバケで塗料を塗る。Wを描くように上下に動かし塗り広げる。一定方向に塗るときれいに。

⑧ 2時間ほどで乾くので、乾いてきたら⑥⑦を繰り返し、2度塗りする。塗料が乾ききる前に養生をすべてはがす。

Finish!

※約2時間で触っても手に付かない程度、完全に乾くまで1～2日かかります。また乾燥時間は気温や湿度によっても異なります。

REFORM 04

飾りドア

ドアの真ん中をくり抜いて大胆にリメイク。
窓部分はプラスチック段ボールを使うと、
コストをおさえられます。

Creator
go slow and smile さん

材 料 費：6000 円
制作時間：3 日
難 易 度：★★★☆☆

道具

- 差し金
- 鉛筆
- ノコギリ
- ジグソー
- マイターボックス
- マイナスドライバー
- ゲンノウ
- 木工用接着剤
- 紙やすり
- ハケ
- ローラーバケ
- 筆

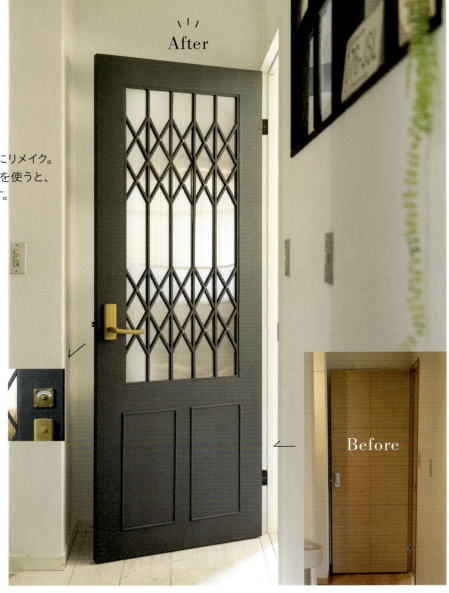

After / Before

Cut List 木取り図

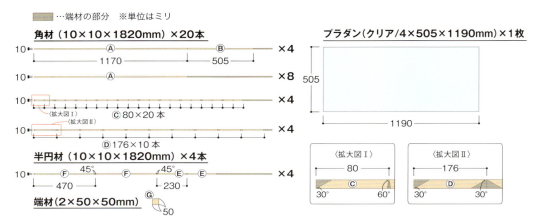

※すべての木材に紙やすりをかけておく。

材料

- Ⓐ 飾り：角材（10×10×1170mm）…12本
- Ⓑ 飾り：角材（10×10×505mm）…4本
- Ⓒ 飾り：角材（10×10×80mm）…80本
- Ⓓ 飾り：角材（10×10×176mm）…40本
- Ⓔ モールディング材：半円材（10×10×230mm）…8本
- Ⓕ モールディング材：半円材（10×10×470mm）…8本
- Ⓖ 飾り：端材（2×50×50mm）…1個
- プラダン（プラスチック段ボール／4×505×1190mm）…1枚
- VACANTと書かれた紙（好きな文字でOK）…1枚
- 隠し釘…96本
- 木ネジ…4本
- 飾りビョウ…40個
- マイナスネジ（10mm）…1本
- 水性塗料
- 絵の具（金色）

Process 手順

下準備

① ドアを取り外し、窓をジグソーでくり抜く（→P176）。モールディング材ⒺⒻの両端をマイターボックスを使ってノコギリで45°に切る（→P147）。

② ①と飾りの角材にハケで、ドアにローラーで塗料を塗り、乾いたら2度塗りする。

組み立てる

③ 窓の4辺にⒶ2本、Ⓑ2本を接着剤で固定し、ⒶⒷ側から隠し釘を打つ（→P150）。

④ 裏からプラダンをはめ、その上に③と同様にⒶⒷで4辺を囲い固定する。

⑤ 飾りⒶ4本を等間隔に並べ、接着剤で固定、Ⓐ側から隠し釘を打つ。

⑥ 飾りⒸ2本とⒹ1本をX形に組み合わせて取り付け位置に接着剤で固定する。中心に表面から飾りビョウを打つ。20個繰り返す。

⑦ モールディング材Ⓔ2本、Ⓕ2本を取り付け位置に接着剤で固定する。もう1組も同様にして固定する。

⑧ ドアを裏返し、裏面も同様に⑤～⑦を繰り返す。

⑨ 飾りⒼを好みの形にジグソーでくり抜く。ドアノブと飾りⒼに筆で絵の具を塗る。

⑩ 取り付け位置に紙と飾りⒼを重ねて置き、4隅に木ネジを打ち込む。中央にマイナスネジを取り付け、ドアを元に戻す。

Drawing 組み立て図

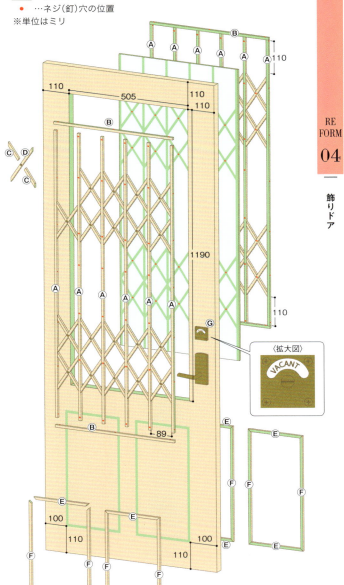

REFORM 05

窓枠を作る

無機質な金属製のサッシ窓に
窓枠をはめるだけで、部屋の印象が
ぐんとおしゃれに変わります。

Creator

末永京 さん

材 料 費：3000 円
制作時間：3 時間
難 易 度：★★★☆☆

After

Before

道具

- 差し金
- メジャー
- 鉛筆
- ノコギリ
- ノミ
- 電動ドリルドライバー
- 下穴用ドリルビット2mm
- ドライバービット#2
- ゲンノウ
- ハケ

材料

- Ⓐ 枠：SPF1×1材（19×19×1021mm）…2本
- Ⓑ 枠：SPF1×1材（19×19×494mm）…6本
- Ⓒ 枠：SPF1×2材（19×38×1021mm）…4本
- Ⓓ 枠：SPF1×2材（19×38×570mm）…4本
- スリムビス（65mm）…32本
- 蝶番（51mm）…4個
- 取っ手…2個
- 水性塗料（「STYLE DIYペンキ ミッドナイトブルー」）

Cut List 木取り図

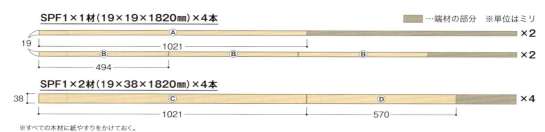

※すべての木材に紙やすりをかけておく。

138

Process 手順

下準備

1. 枠Ⓐ2本とⒷ6本それぞれに組み立て図のように幅19mm、深さ10mmの溝をノミで彫る(→P43)。

組み立てる

2. 枠Ⓒ2本とⒷ3本がはしご状になるようⒸ側からスリムビス1本ずつを打ち込み固定する。このとき、Ⓑの溝の向きは揃えておく。

3. ②の溝と枠Ⓐの溝がかみ合うようにⒶをはめる。

4. ③の上下に枠Ⓓ2本を、Ⓓ側からスリムビス5本ずつを打ち込み固定する。②~④を繰り返し、もう1組作る。

仕上げ

5. 好みの水性塗料で着色する。

6. 窓枠2組が左右対称になるようそれぞれに取っ手を取り付ける。

7. ⑥の側面上下2カ所に蝶番を取り付け、既存の窓枠とつなぐ。

※写真では、飾り窓の奥に突っ張り棒を渡して布をカーテンのように飾っています。

Drawing 組み立て図

- …接着面
- …ネジ(釘)穴の位置
※単位はミリ

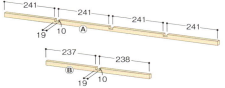

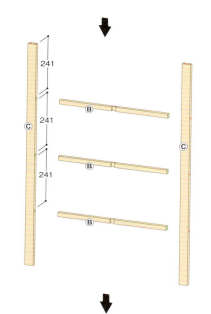

※下穴は組み立てる前に開けておく(→P5)。

REFORM 05 窓枠を作る

REFORM 06
タンクレス風トイレ

生活感が出てしまうトイレは、タンクを隠すだけでホテルライクに。正面からは引き出し風に見える棚板は、L字金具で簡単に作れます。

Creator

Hisayo さん

材料費：4000円
制作時間：1日
難易度：★☆☆☆☆

道具

- 差金
- メジャー
- 鉛筆
- マスキングテープ（50mm幅）
- ノコギリ
- 糸ノコ
- 電動ドリルドライバー
- ドリルビット6mm
- ドライバービット#2
- 木工用接着剤
- 強力両面テープ
- 紙やすり
- ハケ

Cut List 木取り図

…端材の部分　※単位はミリ

コンパネ（12×600×1800mm）×1枚

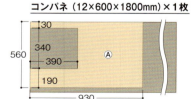

パイン集成材（18×600×1820mm）×1枚

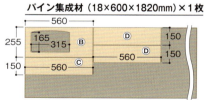

角材（20×20×910mm）×1本

端材（10×45×200mm）×2枚

※自宅にある端材、何でもOK。

※すべての木材に紙やすりをかけておく。

材料

- Ⓐ 前板（タンクカバー）：コンパネ（12×560×930mm）…1枚
- Ⓑ 天板（タンクカバー）：パイン集成材（18×255×560mm）…1枚
- Ⓒ 前板（棚）：パイン集成材（18×150×560mm）…1枚
  ※壁の幅×好みの高さでOK
- Ⓓ 棚板（棚）：パイン集成材（18×150×560mm）…2枚
  ※壁の幅×好みの奥行きでOK
- Ⓔ 棚受け（棚）：角材（20×20×150mm）…4本
- Ⓕ 棚受け（タンクカバー）：端材（10×45×200mm）…2枚
- L字金具（または金折、50mm程度のサイズ）…5個
- 木ネジ（10mm）…10本　※頭はL字金具に合うサイズ。
- 取っ手…2個
- のり付き壁紙
- 水性塗料（「ミルクペイント」）

Process 手順

下準備

1. 便器とタンクのつなぎ目部分の大きさに合わせて前板Ⓐの下部を切り取り、コの字型にする。のり付き壁紙を貼る。
2. 天板Ⓑは手洗いボウルよりやや小さめに切り抜く部分を鉛筆で書く。
3. ②で下書きした囲みの内側4隅にドリルで貫通穴をあけ、糸ノコの刃を通して穴をつなぐように切り抜く。
4. ③の天板Ⓑ、前板Ⓒ、棚板Ⓓ1枚、棚受けⒺ4本に水性塗料を2度塗りする。もう1枚のⒹはのり付き壁紙を貼る。

組み立てる

5. 前板Ⓐの裏面の最下部に、L字金具を細い脚側に1個、太い脚側に2個、木ネジ2本ずつで取り付ける。
6. 両壁のタンクと同じ高さに、長さ200mmのマスキングテープを貼る。
7. 棚受けⒻの裏面に両面テープを貼り、⑥の上に貼り付ける。
8. 前板Ⓐを便器をまたぐように置き、天板Ⓑを前板Ⓐ、棚受けⒻの上にのせる。
9. 前板Ⓒと棚板Ⓓ1枚の長辺を垂直に合わせ、内側の左右にL字金具2個を木ネジ2本ずつで取り付ける。前板Ⓒに取っ手2個を取り付ける。
10. 棚受けⒺ4本を両壁の棚を取り付けたい位置に接着剤で接着する。⑨と残りの棚板Ⓓをのせる。

Drawing 組み立て図

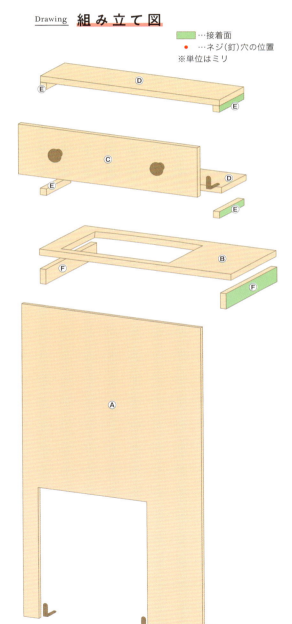

※下穴は組み立てる前に開けておく（→P5）。

REFORM 07

Creator
川名恵介さん
材料費：50000円
制作時間：3日
難易度：★★★★★

キッチンリフォーム

クッションフロアと備え付け収納の色を変えるだけで
印象がガラリと変わります。憧れのキッチンカウンターは
タイルを貼ってレトロな雰囲気に。

Before

約10平米の昔ながらのキッチン。全体的に経年劣化しているので、明るい印象になるよう大胆な柄や色を使うことに。テーマはモロッコ風インテリア!

REFORM 07

キッチンリフォーム

Step1
床にクッションフロアを敷く
→P144

現状の床の上にそのまま貼れて、手軽なクッションフロア。耐水性に優れ、汚れもつきにくいのでキッチンにはもってこいです。気温が低いとシートが固くて扱いづらく、接着剤も乾きにくいので、冬の施工は避けたほうがいいでしょう。

Step2
備え付けキッチンをリフォーム
→P146

殺風景な収納扉は鮮やかな青の塗装とモールディングで洋風なデザインに変更。窓枠とシンク周りも同じ色を塗って統一感を出し、取っ手を青に映えるゴールドに変えてアクセントに。

Step3
キッチンカウンターを作る
→P148

作業台としてのスペースと収納力を同時に確保。前板を少し奥まらせたデザインにして、空間に動きを出します。クッションフロアのため直置きにしていますが、傷が気になる人は底板の釘部分にクッションフェルトなどを貼って。天板のタイルは、裏がネットのシートタイプが扱いやすいです。

143

Step1 床にクッションフロアを敷く

道具

① はさみ
② カッター
③ 接着剤用クシ
④ 竹ベラ
⑤ 地ベラ
⑥ なでバケ
⑦ ジョイントローラー
● 養生テープ

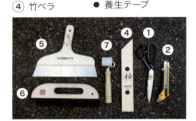

材料

● クッションフロア
● クッションフロア用接着剤
● 継ぎ目処理剤

Process 手順

仮置き

Start!

① 1列目のクッションフロアを仮置きする。長辺は壁にぴったり押し付け、短辺は切りしろ約10cmずつ残してはさみで切る。

② 床下収納がある場合はふたを外してその上を覆うように敷き、場所が分かるように養生テープなどで目印を付ける。

③ 1列目と柄を合わせて2列目を重ね、切りしろを残して余分をカッターで切る。位置がずれないよう1枚目と2枚目の継ぎ目、片方の短辺を養生テープでとめる。

クッションフロアを貼る

④ ③でとめていない側から2枚を一緒に部屋の半分ほどめくる。床に接着剤を出し、入り口から一番遠い部屋の隅からクシで薄く塗り広げる。

⑤ 接着剤が乾いて透明になったら、めくっていたクッションフロアを戻し、なでバケで部屋の中央から端に向かって空気を抜くようにして貼る。反対側も同様に貼る。

⑥ 周囲の余分を切る。床と壁との境目に地ベラを力を入れて押しあて、地ベラに沿ってカッターで切る。一気に切ろうとせず、少しずつ切り取りながら進める。

⑦ 角に近づいたら、カッターで角の頂点からV字に切り込みを入れてから余分を切る。同様にすべての周囲の余分を切る。

⑧ 継ぎ目の養生テープをはがし、重なり部分に地ベラをあてて2枚一緒にカッターで切る。柄の切れ目に沿うとずれにくい。

⑨ 継ぎ目をジョイントローラーでなでつけしっかりと圧着する(→P129)。継ぎ目に処理剤を塗り、はみ出した処理剤を乾いた布でふき取る。

仕上げ

⑩ 床下収納部分のフロアシートをカッターで切り取る。ふたに接着剤を塗り、乾いたら切り取ったフロアシートを貼る。余分を切り取り、金具を取り付けて元に戻す。

Finish!

REFORM 07 キッチンリフォーム

Step2　備え付けキッチンをリフォーム

道具

1. 差し金
2. メジャー
3. 鉛筆
4. ノコギリ
5. ダボ切りノコギリ
6. マイターボックス
7. 木工用接着剤
8. ハケ
● マスキングテープ
● 電動ドリルドライバー
● ドリルビット 30mm

材料

- 飾り：ベニヤ板（2.5×270×330mm）…4枚
- 飾り：ベニヤ板（2.5×170×380mm）…3枚
- 飾り：ベニヤ板（2.5×150×200mm）…1枚
- 以下モールディング材（10×24mm）
  460mm…6本
  410mm…8本
  350mm…8本
  250mm…6本
  280mm…2本
  230mm…1本
- プライマー（水性塗料との密着性を高めるための下塗り用塗料）
- 水性塗料（「イマジン ブルーグレートーン ポセイドン」）
- 取っ手
- コーキング剤

Process　手順

下準備

① すべての扉を外し、備え付けキッチンにマスキングテープで塗料を塗るための養生をする。

② 水性塗料ののりを良くするため、塗料を塗る部分はすべてプライマーをハケで塗り、乾くまで20分ほど時間をおく。

飾りを付ける

③ バランスを見ながらモールディング材と中央に貼る長方形の飾り板の位置を決め、鉛筆で印を付ける。

④ 飾り板とモールディング材を③のサイズに切る。モールディング材はマイターボックスの端につけ、45°の溝に合わせ、両端を左右対称にダボ切りノコギリで切る。

⑤ ③の印に合わせてモールディング材と飾り板を並べ、接着剤で固定する。乾くまで時間をおく。

ペイント&仕上げ

⑥ モールディング材を合わせた角に隙間ができたら、コーキング材で埋める。すべての扉に③〜⑥を繰り返す。

⑦ 備え付けキッチンと窓枠に水性塗料を塗り、乾いたら2度塗りする。

⑧ ⑥の扉に水性塗料を塗り、乾いたら2度塗りする。

⑨ 水性塗料が完全に乾いたら、取っ手の位置を決めて扉にドリルビットで穴をあけ、取っ手を取り付ける。扉を元に戻す。

Finish!

Step3　キッチンカウンターを作る

道具

① 差し金
② メジャー
③ 鉛筆
④ マスキングテープ
⑤ ノコギリ（または丸ノコ）
⑥ 電動ドリルドライバー
⑦ 木工用接着剤
⑧ タイル接着剤
⑨ タイル目地材
⑩ ヘラ
⑪ ハケ
⑫ ローラーバケ
⑬ トレイ
⑭ ペイントスタンプ
⑮ スポンジ
● サンダー（紙やすり）
● ドリルビット65mm
● ウエス
● 金づち

Cut List　木取り図

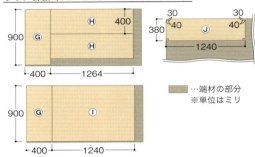

材料

仕上がりサイズ
W1264×H934×D400mm

Ⓐ 木枠：角材（30×40×1240mm）…2本
Ⓑ 木枠：角材（30×40×340mm）…4本
Ⓒ 木枠：角材（30×40×840mm）…4本
Ⓓ 木枠：角材（30×40×1160mm）…2本
Ⓔ 木枠：角材（30×40×320mm）…2本
Ⓕ 木枠：角材（30×40×300mm）…1本
Ⓖ 側板：ラワン合板（12×400×900mm）…2枚
Ⓗ 天板・底板：ラワン合板（12×400×1264mm）…2枚
Ⓘ 前板：ラワン合板（12×900×1240mm）…1枚
Ⓙ 棚板：ラワン合板（12×380×1240mm）…1枚
Ⓚ 木枠（天板）：工作材（10×25×1264mm）…2本
Ⓛ 木枠（天板）：工作材（10×25×350mm）…2本
● 25mm角タイルシート（30×30）…8枚
● 木ネジ（65mm）…58本　　● 水性塗料（「イマジン ブルーグレートーン ポセイドン」「イマジン ウォール ペイント ピュアホワイト」）
● 木ネジ（30mm）…39本
● 隠し釘…10本

Drawing　組み立て図

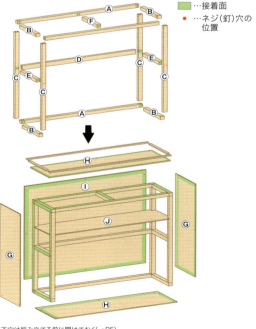

※下穴は組み立てる前に開けておく（→P5）。

Process **手順**

組み立てる

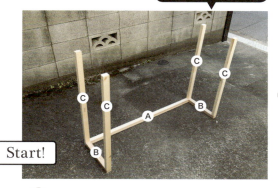

① 木枠Ⓐ1本とⒷ2本をコの字に組みⒶ側から木ネジ2本ずつで固定する。4隅に木枠Ⓒを1本ずつ垂直に合わせ、Ⓐ、Ⓑ側から木ネジ2本ずつで固定する。

② もう1本の木枠Ⓐを①のⒶと平行にⒸ2本に渡し、Ⓐ側から木ネジ2本ずつで固定する。

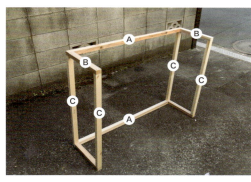

③ Ⓑ2本を②のⒶと垂直になるよう木枠Ⓒの上に渡し、Ⓐ、Ⓑ側から木ネジ2本ずつで渡し、Ⓐ、Ⓑ側から木ネジ2本ずつで固定する。

④ 木枠Ⓓを③のⒷの間に挟み、Ⓑ側から木ネジ2本ずつで固定する。残りの木枠Ⓓ1本、Ⓔ2本、Ⓕ1本をそれぞれ木枠でできた長方形の中央に渡し、木ネジ2本ずつで固定する。

⑤ 側板Ⓖ2枚の長辺の端をあいている側の木枠の端に合わせ、側板Ⓖ側から6カ所に木ネジを打ち込む。

POINT

側板Ⓖ、天板・底板Ⓗを少しはみ出させ、そこに前板をはめることで、完成形にデザインのアクセントができる。

RE FORM 07

キッチンリフォーム

⑥ ⑤と同様にして天板・底板Ⓗを取り付ける。前板Ⓘをはめ込み、Ⓘ側から木ネジ8本を打ち込み固定する。

⑦ 棚板Ⓙの4隅を木枠のサイズに合わせて横40mm、縦30mmずつノコギリで切り取る。木枠ⒹⒺにのせてはめる。

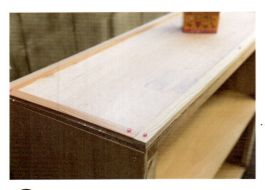

⑧ 天板を縁取るように木枠Ⓚ2本、Ⓛ2本で囲い、接着剤で接着する。それぞれの両端と長辺の中央に隠し釘を打ち込む。

• POINT •

隠し釘は垂直に打ち込まないと頭部が外れにくい。樹脂部分が潰れるくらいまで打ち込む。

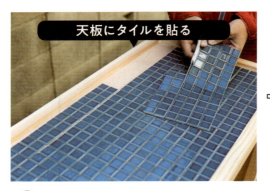

天板にタイルを貼る

⑨ 天板にタイルを仮置きする。サイズに合わせて裏側にネットが付いたまま、タイルの間を列ごとにはさみで切る。

⑩ 一度タイルを外し、水で溶いたタイル用接着剤を天板の上に流し入れ、クシで天板全体に薄く塗り広げる。

⑪ 仮置きした通りに再びタイルを並べる。接着剤が固まるまでは動かせるので、スペースが揃うように位置を微調整し、乾くまで時間をおく。

⑫ 目地材を水で溶いてタイルの上にのせ、タイルの間を埋めるようにヘラでのばす。全体に塗ったら、水に濡らし固く絞ったタオルで余分な目地材を軽くふき取る。

ペイント&仕上げ

⑬ 前板の周囲をマスキングテープで養生し、前板に青い水性塗料を塗る。乾くまで時間をおく。

⑭ スタンプにハケで白い水性塗料を付け、前板の好きな場所に押す。塗料を付けすぎると模様が潰れてしまうので注意。

⑮ タイルの目地材が乾いたら、水に濡らし固く搾ったスポンジで表面の目地材をふき取る。乾いたウエスで表面を磨く。

Finish!

⑯ 木枠の隠し釘の頭部を、金づちを真横に寝かせた状態で叩いて外す。

REFORM 08

Creator
川名恵介 さん
材 料 費：115000 円
制作時間：4 日
難 易 度：★★★★★

和室リフォーム

柱や障子を生かして和モダンな空間に。
クールな色の漆喰と明るいフローリングは、
北欧風のインテリアともなじみます。

Before

モスグリーンの砂壁がいかにもな雰囲気の昔ながらの6畳間。調湿性が高い砂壁ですが、経年劣化で砂や粉がポロポロとはがれ落ちてきてしまいます。畳もだいぶ日に焼けた状態のため、今回は壁と床をリフォームすることに。

After

Step 1
壁に漆喰を塗る
→P154

・味わい深さが魅力の漆喰は、時間が経っても劣化しにくく、調湿や臭いを吸収する効果もあります。
・漆喰を練る作業はとても大変なので、初心者は練り済みの漆喰がおすすめ。色付きの漆喰もありますが、今回は好みの色を出すために顔料で調色。

After

Step 2
畳をフローリングにする
→P156

・フローリング材は杉、パイン、オークなど、材質がさまざま。色や幅などで印象が異なり、幅が広いとモダンで広々した印象に、狭いと和のイメージとも合う温かみのある雰囲気が演出できます。
・畳は粗大ごみとして出すのが一般的。1枚1000〜2000円払うと畳店が引き取ってくれるサービスもあります。

REFORM 08

和室リフォーム

Step1　壁に漆喰を塗る

道具

① マスカー
② マスキングテープ
③ 養生テープ
④ ハケ
⑤ ローラーバケ
⑥ バケツ
⑦ バケツ（シーラー用）
⑧⑨ バケツ用内容器
⑩ ペイントミキサー
⑪ コテ板
⑫ コテ
⑬ ひしゃく
⑭ ゴム手袋
● 電動ドリルドライバー

材料　部屋サイズ 6畳分

● カビ止めシーラー
● 漆喰…18kg
● 顔料（青／石灰系壁材用天然顔料）…500g
● 松煙…800g
● 水…6.1ℓ

Process 手順

下準備

① 柱を縁取るようにマスキングテープで養生する。壁との間は、漆喰の厚み分を考慮して2mm程度あける。

② コンセントカバーを外し、マスカーで部屋全体を養生する。障子や窓、エアコンを覆うのを忘れずに。

③ 砂壁がはがれ落ちてくるのを防ぐため、壁全体にカビ止めシーラーをハケとローラーバケで塗る。乾いたら2度塗りする。

④ バケツに分量の水を入れ、漆喰、顔料、松煙を少量ずつ加えながら、電動ドリルドライバーにペイントミキサーを装着し、生クリーム程度の硬さになるまで練る。

漆喰を塗る

⑤ ④で練った漆喰をひしゃくですくい、コテ板にのせる。コテで漆喰をとりわけ外側に向かって滑らせる。コテ板は養生テープで覆っておくと片付けが楽。

⑥ コテを持った手首を外側に返すと同時に、コテ板を手前に立てて漆喰をすくい取る。

⑦ 柱と壁の境目から塗り始める。すくい取った漆喰をコテの端で押し付けるようにして角や端まで埋める。

⑧ コテの尖った方を上にして、壁に対し斜めにあて、徐々に寝かせるように滑らせる。ペンキと違い、左から右へ塗ったら、塗りながら戻るのではなく、一度離してまた左から塗る。コテを壁にベタッと付けずに少し角度をつけると塗りやすい。

Finish!

⑨ 2時間ほどで徐々に乾き、色が薄くなってくるので、余裕があれば2度塗りする。DIYでは1度塗りでも十分なので、養生をはがす。完全に乾くのは1〜2週間後。

POINT

右利きの人は左から右に、左利きの人は右から左に漆喰を塗る。利き手側の角や端は、コテの上下を逆さにして塗るときれいに仕上がる。

RE FORM 08 — 和室リフォーム

Step2 畳をフローリングにする

道具

① 差し金
② メジャー
③ 鉛筆
④ 水平器
⑤ 墨つぼ（※）
⑥ ノコギリ（または丸ノコ）
⑦ 丸ノコガイド
⑧ ノミ
⑨ 電動ドリルドライバー
⑩ 金づち
⑪ ゴムハンマー
⑫ フローリング用接着剤
⑬ コーキングガン
● カッター

※墨つぼがない場合は、長い木材をガイドにして印線を引く。

材料　部屋サイズ 6畳分

Ⓐ 根太：角材（30×40×2097）…13本
Ⓑ 下地材：ベニヤ（12×910×1820）…3枚
Ⓒ 下地材：ベニヤ（12×666×1820）…1枚
Ⓓ 下地材：ベニヤ（12×910×1087）…3枚
Ⓔ 下地材：ベニヤ（12×910×666）…1枚
Ⓕ フローリング材：ヒノキ（15×110×1900）…47枚
● 厚さの異なるベニヤ木片…適量
● 断熱材（30×910×1820）…6枚
● 樹脂製の板（スペーサー／厚さ0.5mm）…適量
● 木ネジ（60mm）…適量
● 木ネジ（35mm）…適量
● フローリング用木ネジ（32mm）…適量

Plan view 平面図

■…根太
■…下地
■…フローリング材
※単位はミリ

Process 手順

下準備　Start!

① 畳にノミを差し込み、てこの原理で浮かせてはがす。荒床までの高さを図り、フローリング材、下地材の厚さを引いて、根太（→P189）Ⓐの高さを割り出す。

根太を張る

② 根太Ⓐを部屋の片端にフローリング材と垂直の向きに置き、60mmの木ネジを約20cm間隔で打ち込む。反対の端も同様に根太Ⓐを固定する。

③ 床の四方を囲う木に、下地材Ⓑの幅の3分の1にあたる303mmごとに鉛筆で印を付ける。

④ ③の印に合わせて根太Ⓐを並べる。すべての根太に60mmの木ネジを約20cm間隔で打ち込む。

POINT 床が歪んでいる場合は水平器で高さを確認しながら荒床と根太の間にベニヤ板の端材を挟んで、高さを調節する。

⑤ 断熱材を根太と根太の間の大きさに合わせてカッターで切り、敷き詰める。隙間ができたら細く切って埋める。

下地板を張る

⑥ 根太と平行に下地材Ⓑを敷く。下地材の長辺の端が根太の上にくるように配置する。

POINT 合板は木材が膨張することを考慮して部屋の端から1〜2mmの隙間をあけて敷く。合板同士の間も1〜2mmあけるようにする。

RE FORM 08 ― 和室リフォーム

⑦ 墨つぼに墨を装填して③の印にピンを刺し、下地材の上を通って見えている根太の上まで糸を引っ張る。ピンと張った状態で糸を弾き、線を付ける。

⑧ 下地材の両端と⑦で付けた線上に、35mmの木ネジを約20cm間隔で打ち、1枚ずつ固定する。

フローリング材を敷く

⑨ 下地材を敷き詰めたらフローリング材1枚目を敷く位置にフローリング用接着剤をのばし、フローリング材を置く。

・POINT・

梅雨や夏など湿度が高い時期にはフローリング材が膨張するため、樹脂製の板をスペーサーとして壁と板、板と板の間に挟み、わずかな隙間を作りながらフローリング材を固定する。

⑩ フローリング材の実（→P189）に、フローリング用木ネジを斜め45°程度の角度をつけて、約20cm間隔で打ち込む。

・POINT・

金づちを使う場合はフローリング材の実にフロアー釘を斜め45°程度の角度をつけて打ち込む。ある程度打ち込んだら、フローリング材を金づちで傷つけないよう、釘締めをあてて打ち込む。

⑪ 1枚目の横に、2枚目を実が手前にくるよう裏返して並べ、1列目の足りない長さを切り出すと切り口が壁側になる。⑩と同様に2枚目を固定する。

⑫ ⑪の余りを2列目の1枚目に持ってくる。接着剤を塗り、間にスペーサーを挟んで実同士の凸凹が組み合うように2列目を並べる。

⑬ 当て木を当てて金づちで叩き、実をはめて⑩と同様にして固定する。

⑭ 最後の1列前まで⑨〜⑬の工程を繰り返す。

⑮ 最後の列の幅に合わせてフローリング材を丸ノコで縦に切る。このとき、キックバックに注意（→P177）。

⑯ 最後の列を斜めに滑り込ませるようにして入れる。実側に向かってゴムハンマーで角度を付けて叩き、実同士をしっかりとはめながら押し込む。

REFORM 08 ― 和室リフォーム

REFORM 09
ふすまリメイク

板ぶすまを洋風の扉にリメイク。
壁紙を貼るだけでもイメージは変わりますが、
今回は飾り窓を作り、片面にはモールディングを
施して、より外国らしさを演出。

Creator
川名恵介さん

材料費：12000円
制作時間：1日
難易度：★★★☆☆

道具
- 差し金
- メジャー
- 鉛筆
- マスキングテープ
- ノコギリ
- ノミ
- マイターボックス
- 電動ドリルドライバー
- ドリルビット30mm
- ゲンノウ
- 木工用接着剤
- ハケ
- ローラーハケ

材料　※サイズはふすまの大きさに合わせて調整。

- Ⓐ 飾り：モールディング材（5×15×556mm）…4本
- Ⓑ 飾り：モールディング材（5×15×395mm）…4本
- Ⓒ 飾り：モールディング材（5×25×606mm）…6本
- Ⓓ 飾り：モールディング材（5×25×445mm）…2本
- Ⓔ 飾り：モールディング材（5×25×223mm）…2本
- Ⓕ 飾り：モールディング材（5×25×690mm）…2本
- Ⓖ 飾り：ベニヤ板（2.5×10×486mm）…1枚
- Ⓗ 飾り：ベニヤ板（2.5×486×570mm）…1枚
- プラダン（プラスチック段ボール クリア／3×488×675mm）…1個
- 取っ手…1個
- 隠し釘…20本程度
- 水性塗料（「BOTANICOLORS ヤマモモ」を使用）

Cut List 木取り図

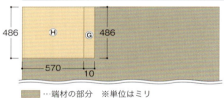

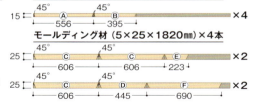

※すべての木材に紙やすりをかけておく。

ふすまのタイプを確認

- **本ぶすま**…ふすまの面を指で軽く押して縦横に組子（ふすま内部に組み込まれた木材）があるもの。ペイントやモールディングをする場合は、ふすま紙をはがしてベニヤ板を張る。
- **板ぶすま**…ノックするとコツコツと硬い音がする。ふすま紙の下はベニヤ板なので、そのまま施工が可能。
- **発泡スチロールふすま／段ボールふすま**…組子もなく、ノックすると柔らかく鈍い音がする。ふすま紙の下は発泡スチロールや段ボールなので、ベニヤ板を張って補強したほうが良い。

開閉タイプを確認

- **片引き戸の場合**…引き戸1枚で、開くと壁の一部に戸が収まるタイプ。開いたときに隠れる面には飾りをつけられないので、ペイントか壁紙でリフォーム。
- **引分け戸の場合**…2枚の引き戸を左右どちらかに開くと2枚が重なるタイプ。重なったときの内側は飾りをつけられないので、ペイントか壁紙でリフォーム。

※左の写真では見やすいよう、あえて外側に施工しています。

本ぶすまの場合の下準備

- **引き手を外す**…引き手とふすま紙の間にノミを入れ、ゲンノウで叩いて引き手を浮かせ小びょうを抜き取る。
- **ふすま紙をはがす**…ふすまの枠に沿ってカッターで切り込みを入れてはがす。

Plan view　平面図

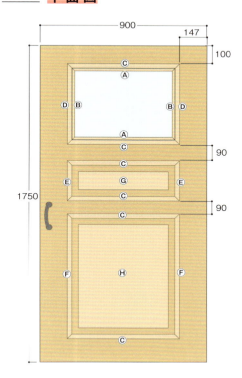

Process　手順

下準備

1. ふすま紙をはがす。
2. 飾り窓の位置と飾りを付ける位置に、鉛筆で印を付ける。
3. モールディング材を②のサイズに合わせ、マイターボックスを使い左右対称に両端を45°に切る（→P147）。飾りのベニヤも②のサイズで切る。

飾り窓を作る

4. 飾り窓の4隅にドリルビットで穴を空け、ノコギリで窓部分をくり抜く。
5. くり抜いた部分から組子を取り出し、飾り窓の周囲数カ所の板の間に補強材として入れ、接着剤で接着する。
6. モールディング材Ⓐ2本、Ⓑ2本で窓枠の内側を囲い、接着剤で接着する。ⒶⒷ側から隠し釘を一辺につき3本ずつ組子に打ち込む（→P150）。

装飾する

7. 窓枠の外側をさらにモールディング材ⒸⒹで囲い、接着剤で接着する。モールディング材ⒹⒺⒻとベニヤ板ⒼⒽを②の印に合わせて並べ、接着剤で接着する。
8. ⑦で貼り付けた飾りすべての両端、4隅に隠し釘を打ち込み固定する。
9. 裏返して窓枠にプラダンをはめ、モールディング材Ⓐ2本、Ⓑ2本を上から挟むようにのせ、⑥と同様にして固定する。
10. プラダンに水性塗料がつかないよう窓部分を養生し、全面に水性塗料を塗る。乾いたら2度塗りする。
11. 水性塗料が乾いたら取っ手の位置にドリルビットで穴をあけ、取っ手を取り付ける。

REFORM 10

Creator

川名恵介 さん

材料費：35000 円
制作時間：2 日
難易度：★☆☆☆☆

ウッドデッキを作る

時間はかかりますが、地道に木材を組むだけの
単純作業です。床はすのこ状に組み、
板壁は針金でとめるので、賃貸でもOK。
後々のお手入れも簡単にできます。

After

Before

● 道具

① 差し金
② メジャー
③ 水平器
④ ノコギリ（丸ノコ）
⑤ 丸ノコガイド
⑥ カッター
⑦ 電動ドリルドライバー
⑧ 糸
⑨ ハケ
⑩ ローラーバケ
⑪ トレイ
● ドライバービット#2

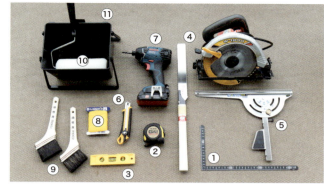

● 材料　※サイズ、枚数はベランダに合わせて調整。

- Ⓐ 下駄：角材（30×40×560mm）…46本
- Ⓑ 床板：SPF 1×4材（19×89×1000mm）…14枚
- Ⓒ 床板：SPF 1×4材（19×89×1300mm）…40枚
- Ⓓ 床板：SPF 1×4材（19×89×384mm）…6枚
- Ⓔ 床板：SPF 1×4材（19×89×144mm）…6枚
- Ⓕ 柱：SPF 1×4材（19×89×1130mm）…7枚
- Ⓖ 壁板：SPF 1×4材（19×89×910mm）…12枚
- Ⓗ 壁板：SPF 1×4材（19×89×775mm）…18枚
- Ⓘ 壁板：SPF 1×4材（19×89×790mm）…24枚
- Ⓙ 壁板：SPF 1×4材（19×89×890mm）…6枚
- ベニヤ板（4×600×300）…適量
- ゴム板（3×300×300）…適量
- 針金…適量
- 木ネジ（床／40mm）…適量
- 木ネジ（壁／30mm）…適量
- 強力両面テープ（屋外用）…適量
- 麻ひも
- 防腐剤

REFORM 10

ウッドデッキを作る

Plan view　**平面図**

　…壁板
　…柱
　…障害物
● …木ネジ(釘)穴の位置
※単位はミリ

壁

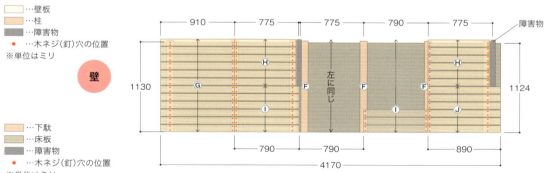

　…下駄
　…床板
　…障害物
● …木ネジ(釘)穴の位置
※単位はミリ

床

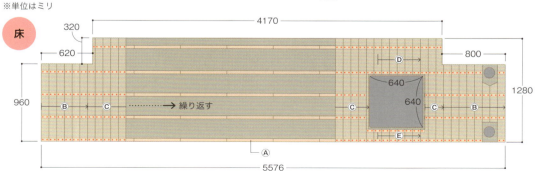

Process 手順

下準備

① 木材に防腐剤を塗る。木口（→P173）から腐りやすいので、両端は特に念入りに塗る。

床を張る

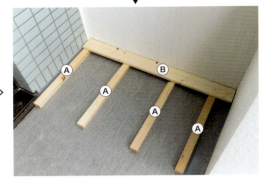

② 下駄Ⓐを床材Ⓑの向きと垂直になるように端から約30cmに1本の割合で並べる。

③ ②の上に床板Ⓑを6枚並べる。隙間を揃えるために、スペーサーとして細かく切ったベニヤ板を1枚ずつ挟みながら並べる。

④ 下駄Ⓐのライン上に床板Ⓑ側から木ネジを2本ずつ打ち込む。最初に両端のⒷの木ネジを半分まで打ち、糸でつないで直線を出すと木ネジの位置を揃えやすい。

⑤ 再び下駄Ⓐを約30cmに1本の割合で並べ、③④と同様に床板Ⓑ6枚を固定する。これを端まで繰り返していく。

⑥ 障害物は、都度現物合わせ（→P189）で床材を切る。

壁を張る

⑦ 裏返し、高さ調節のためのゴム板をⒶに等間隔で3カ所ずつ、両面テープで貼り付ける。高さはゴム板を重ねて調節する。

⑧ ベランダの柱と柱Ⓕを麻ひもで結び、仮どめする。

⑨ 端の下から順に壁板ⒼをⒼ側から木ネジ2本ずつを打ち込み、柱Ⓕに固定していく。このとき③と同様にスペーサーを2枚ずつ挟み、隙間を揃える。

POINT
スペーサーとなる端材は電動ドリルの振動で外側に落ちてしまわないよう、あらかじめ木ネジを縦に貫通させたものを作っておくと便利。

Finish!

⑩ 壁板をすべて固定したら⑧で仮どめしたひもを1カ所ずつ外し、柱と木材を針金で結び、しっかり固定する。

REFORM 10 ウッドデッキを作る

\ Column /

おしゃれなアクセサリーが揃う！
パーツショップ紹介

コスパの良さで、
今やDIY女子の定番ショップ

取っ手やアイアンの棚受け、アンティーク調のフックなど、100円とは思えないクオリティのパーツがいっぱい！　工作材や塗料、リメイクシートといった材料も取り扱いがあり、リメイクに使える木箱やフレームも人気。小物作りに必要なものはひと通り揃っている。

Seria
※店舗情報は下記URLから検索。
www.seria-group.com

インダストリアル系のパーツが人気！
ワークショップも定期開催

リノベーションデザイン会社やオリジナル家具工房をグループに持つライフスタイルショップ。デザイン性の高いアイテムやオリジナルのDIYパーツもあり、実店舗では家具制作の端材を無料放出するイベントも開催している。商品はオンラインショップで購入可能。

EIGHT TOWN
愛知県名古屋市昭和区鶴舞 2-16-5 EIGHT BUILDING
TEL：052-883-8973／10：00～18：00／火曜定休
hachikagu.shop-pro.jp

アンティーク好きに
オススメのラインナップ

陶製、ガラス製のノブや鳥をかたどったアイアンのノブ、デコラティブなバーやフックなど、ヨーロッパへの買い付けで仕入れられるアイテムが多数。タイルや木製の床材などもあり、アンティークにこだわった部屋作りができる。オンラインショップで購入可能。

アンティーク家具専門店 **Handle**
福井県福井市春山 2-9-13
TEL：0776-21-4700／10：00～18：00
日・月曜定休
handle-marche.com

Part.3
DIYの基本
Basic Knowledge

DIYを始めるうえで必要な道具や基本の技術など、
覚えておきたい知識をまとめました。
作っていてわからないことが出てきたときにも、立ち返ってみてください。

基本の道具

いちばん最初に揃えておくべき、基本となる道具を紹介します。電動ドリルは小物作りには必要ありませんが、家具を作る場合は用意しておいたほうがいいでしょう。初心者は電動工具などはホームセンターでレンタルするのがおすすめ(→P187)。

最初に揃えたい道具

① コンベックスメジャー

金属製の巻尺。長くて差し金では測れないときに使用。先端の金具を対象物に引っ掛けるか、押しあてて測る。

② 差し金

L字型の定規で、正確に印を付けやすい。直角や45°の線を引くときにも使用。目盛りが「cm」表示のものを選んで。

③ ノコギリ

替え刃式で、縦、横、斜めの切断が可能なタイプが便利。片刃でコンパクトなほうが初心者や女性には扱いやすい。

④ ダボ切りノコギリ

ダボを切るときに使う。刃がしなり、あさり(歯の凹凸)がないため、飛び出たダボを切るとき、木材を傷つけない。

⑤ ゲンノウ

金づち同様、釘を打ち込む道具。ゲンノウは一方が平らで、もう一方が丸みを帯びており、木材を傷つけず釘を打てる。

⑥ キリ

両手で挟み、回転させて穴をあける道具。釘を使う際の下穴をあけるときに使用する(→P174)。

⑦ カッター

刃幅が広くて刃厚が厚い大型カッターは薄いベニヤであれば切ることができる。

⑧ 紙やすり

裏面に表示された「番手」の数字が大きいほど目が細かく、なめらかに仕上がる。端材に巻きつけて使うと便利。

> ### 電動ドリルドライバーと
> ### インパクトドライバーの違い
>
> ドリルドライバーはネジ締めの強弱（トルク）を調整でき、速度も変えられるため（※機種によってはついていない）、ネジや木材を傷めにくい。インパクトはパワーが強く、慣れないとネジを潰したり、木材を割ることも。

初心者は
こちらが
おすすめ

⑬ 電動ドリルドライバー

ネジ締めや穴あけを電動で効率よく行える。先端のビットを付け替えて、さまざまなサイズの穴あけにも対応。

⑭ インパクトドライバー

用途はドリルドライバーと同様。回転方向に強い衝撃が加わるので、ネジをより強く早く締められる。

⑨ タッカー

布や壁紙、アクリルシートなどを木材に針でとめる大きなホチキス。とめたい場所にあてて、レバーを押すだけ。

⑩ 木工用接着剤

木ネジと併用することで強度が増すため、家具作りには必須。接着剤を塗ったら、乾くまで圧着する。

⑪ クランプ

木材が動かないよう作業台に固定したり、材料同士を圧着したりする道具。ハンドルを握って調整するタイプが便利。

⑫ ドライバー

ネジを締める道具。小物作りや細かい部品の取り付けに使用。グリップの後ろが太くなっていると力を入れやすい。

⑮ ビット

（左から）貫通しないダボビット、穴あけ用のドリルビット（太、細）、木ネジを締めるドライバービット（短、長）、下穴をあける下穴用ビット。

あると便利な道具

ノミ
溝を彫ったり、角を削ったりするときに使う。柄の尻部分をゲンノウで叩いて使用。

カンナ
面取り（→P189）や、木材の表面をなめらかにするのに使用。刃の調整が必要。

棒やすり
金属でできたやすり。「平」「丸」「甲丸」などの形があります。細部を削るときに便利。

ハンドサンダー
紙やすりなどを底に装着してやすりがけする道具。クリップで挟むタイプとマジックテープでとめるタイプがある。

マイターボックス
→使い方はP147

溝に沿ってノコギリを動かすだけでまっすぐに切れるノコギリガイド。角度は90°、45°、22.5°が選べる。

電動丸ノコ
→使い方はP177

円形の刃が回転し、木材をまっすぐすばやく切ることができる。扱いが難しく危険も多いため、初心者は注意。

丸ノコガイド
丸ノコを使用する際に必須の定規。写真は角度を自由に変えて角度切りができるタイプ。

ジグソー
→使い方はP176

ブレード（刃）が上下に動き、木材を切断する電動ノコギリの一種。直線・曲線切り、くり抜きができる。

トリマー
→使い方はP178

ビット（刃）を付け替えることで、溝彫りや飾り面取りなどができる。

サンダー
やすりがけを電動で効率よく行える。紙やすりや布やすりなどを装着し、木目に沿って軽くおさえるようにしてなでる。

木工の基本

材料となる木材の選び方から、よく使う道具の使い方まで、DIYの基礎となるテクニックをご紹介。
これさえ覚えておけば、ひと通りのアイテムは作れるようになります。

木材の種類と選び方

DIYをするときに、まず迷うのが木材の種類。ここでは初心者でも扱いやすく、DIYでよく使われる木材の特徴と適した用途を紹介します。特性を知って用途に合わせて使い分けるようにしましょう。

■SPF材

スプルース（S）＝トウヒ属、パイン（P）＝マツ属、ファー（F）＝モミ属というよく似た木材の総称。安価、軽量でやわらかく、加工しやすいので、DIYで人気。耐水性が低く、反りや歪みが生じやすい。

→大物の家具全般におすすめ

■杉

柔らかくて加工しやすいが、強度はやや劣る。比較的安価で手に入るため、DIYではよく使われる万能選手。木目がきれいなのも特徴だが、節が多いため、購入時には節や反りが少ないものを選んで。

→壁掛けの棚、椅子の座面、
　机の脚などにおすすめ

■ひのき

白っぽい木肌が上品で、木のいい香りが特徴。耐久性や耐水性が高く、建築にも使われる。加工もしやすいが、高価な木材のため、DIYでは木肌の美しさを活かしたい箇所のみに使用するなど工夫を。

→机やテーブルの天板などに
　おすすめ

■パイン集成材

集成材とは角材を貼り合わせ板状にしたもので、無垢材に比べて反りや縮みなどの狂いが少ない。安価でDIY向きの木材。さまざまな種類があるが、パインは比較的強度も高くおすすめ。

→棚やチェスト、机やテーブルの
　天板、脚などにおすすめ

■ベニヤ（ラワン合板）

合板とは、薄い板材を貼り合わせたもの。一般的に大きなサイズがあり、安価で加工しやすく強度も高いが、表面がザラザラしているため、見えない箇所に使うことが多い。

→棚の背板、引き出しの底板
　などにおすすめ

■MDF

繊維状にほぐした木材をボード状に成形したもの。加工しやすく、それなりに強度もあるが、木ネジで割れやすいので必ず下穴をあける。また、水分を吸収しやすいため、屋外での使用は不可。

→塗装をする棚やチェスト、
　引き出しなどにおすすめ

■工作材

細めの角材や丸棒、小さめの板材など、さまざまな素材や形、サイズがある。軽くて加工がしやすく、安価な点も特徴。小物作りに適しているほか、棚受けやダボ材など、家具の補助材として使われる。

→小物や補助材におすすめ

ワンバイ材（1×）、ツーバイ材（2×）とは？

SPF材など木材の規格サイズ。厚みや幅が決まっているため、設計や加工がしやすい。長さは910mm、1820mmが主流。

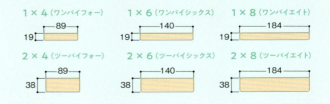

ノコギリで切る

単純な作業ですが、木材をまっすぐに切るのは意外と難しいもの。体の位置とノコギリの角度がポイントです。

道具

- Ⓐ 差し金
- ● 鉛筆
- Ⓑ クランプ
- Ⓒ ノコギリ
- Ⓓ 紙やすり

木材に線を引く

1 木材に差し金の長手（長い辺）を引っ掛けて線を引く。差し金が動かないよう長手を木材にピッタリ沿わせるのが、直角に引くコツ。

位置を決める

2 木材を作業台に置いてクランプの上アゴ部分をかけ、ハンドル上部のボタンを押しながら下アゴを動かし挟む。レバーを数回握って締めつける。

3 印線に親指の爪を合わせ、ノコギリの刃を添えて軽く動かし、切り込みを入れひき溝を作る。刃の厚み分を考慮して（→ P177）、線の真横に。

切る

4 ひき溝に合わせてノコギリの位置を決め、刃を木材と並行にして前後に数回動かし、ガイドとなる浅い溝を作る。

5 ノコギリを 20 〜 30°に傾け、ガイド線に沿ってゆっくり引く。刃渡り全体を使うようにして前後に動かす。力を入れ過ぎないのがコツ。

6 ある程度切り進んだら、ノコギリを 30 〜 45°に傾けてさらに切り進める。ノコギリは引くときに切れるので、押し戻すときは力を抜く。

• POINT •

印線とノコギリ、自分の目線が一直線になるような位置に立つことが大切。木材の印線を真上から見るとまっすぐに切りやすい。

磨く

7 切断したら、切り口に紙やすりをかける。紙やすりの番手は中目（#120 〜 #240）がおすすめ。

ホームセンターのサービスを活用しよう！

木材をホームセンターで購入した場合、その場でカットしてくれるサービスを利用すると時間や手間を短縮できる。
→ **P187**

接着剤で固定する

工作などで幼い頃から使っている接着剤。思うようにくっつかない場合は、圧着できていないのかもしれません。

道具

Ⓐ 木工用接着剤
Ⓑ クランプ

POINT

年輪が見える切断面を「木口（こぐち）」、側面を「木端（こば）」と呼ぶ。また木材を凹凸なく面にぴったり合わせることを「面を合わせる」という。

接着剤を塗る

1 組み合わせたい木材の片方の接着面に、木工用接着剤を適量（圧着した際全体に広がりはみ出さない程度）塗る。

密着させる

2 材料同士をズレないようピッタリと密着させる。接着剤がはみ出した時はウェットティッシュなどでふき取る。

3 接着剤が固まるまで、クランプで挟んでしっかりと固定する。ここで、固まるまで圧着し続けておくことが大切。

釘と木ネジの違いと選び方

背板などの薄い板や小物作りには釘

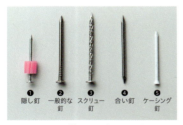

❶隠し釘　❷一般的な釘　❸スクリュー釘　❹合い釘　❺ケーシング釘

❶打ち込んだ後に釘頭を落とすことができ、仕上がりがきれい。固定力が弱いため、接着剤との併用が必須。釘頭を目立たないように仕上げたい際に使う。❷小さい家具や小物におすすめ。縦の力に弱く抜けやすいですが、横からの力には強く折れにくい。❸ネジ状に加工されているため、一般的な釘より固定力が強い。❹両端がとがっていて、木材と木材をつぎ合わせる。❺塗装してあり、カラー合板などに使う。

家具などより強く固定したい場合は木ネジ

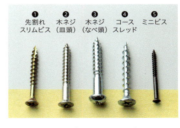

❶先割れスリムビス　❷木ネジ（皿頭）　❸木ネジ（なべ頭）　❹コーススレッド　❺ミニビス

❶先端が割れた状態になっており、下穴をあけなくても木材が割れにくい。❷❸ドライバーでねじ込んで使う。釘よりもしっかり木材を固定できる。❹木ネジより溝の間隔が広く、固定力が高い。全長にネジ山が刻まれた全ネジと途中までの半ネジタイプがある。全ネジは接合する木材同士に隙間ができないよう注意。❺ネジ頭が小さく、目立ちにくい。小物や細かい部分に使う。

必要な長さは接合する木材の2～2.5倍

釘や木ネジは貫通させる板厚の2～2.5倍の長さが必要。太さは板厚の1/3以下に。ドライバービット#2に合う太さを使うことが多い。

POINT

なべ頭	皿頭
頭が膨らんでいて、木材の表面から飛び出す。キャスターなど耐久性を求める場合に。	頭が平らなので、表面から飛び出さず、仕上がりがきれい。木工では皿頭が一般的。

下穴をあける

釘や木ネジを打ち込むときは、下穴をあけておかないと板が割れることがあるので注意しましょう。

道具

- Ⓐ キリ
- Ⓑ 電動ドリルドライバー
- Ⓒ 下穴用ドリルビット

下穴の位置を決める

1 木材を取り付ける位置に線を引く。実際の木材を使って印を付ける（現物合わせ→P189）と狂いが少なく、すばやくできる。

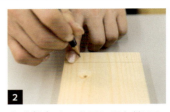

2 ネジ（釘）穴の位置に印を付ける。端に打ちすぎると板が割れてしまうため、端に人差し指をあて指1本分（15〜20mm）あける。

3

釘の場合

印を付けた位置に、キリで釘の長さの半分程度の深さの下穴をあける。

木ネジ（釘）の場合

電動ドリルに下穴用ドリルビットを装着し、下穴の貫通穴をあける。電動ドリルで貫通させる場合は、必ず下に端材を敷く。

釘を打ってとめる

釘を打ち込むポイントは、まっすぐに打つこと。下穴をあけておくと、曲がりづらく打ちやすくなります。

道具

- Ⓐ 木工用接着剤
- Ⓑ ゲンノウ

POINT

釘や木ネジを打ち込むときは、板の下にT字になるように支えの板を入れると、安定して打ち込める。

半分くらいまで打つ

1 組立作業を楽にするため、下穴の位置に釘を抜けない程度に打ち込んでおく。ゲンノウの柄の下のほうを持ち、逆の手で釘を支えて軽く叩く。

打ち込む

2 組み合わせる木材を接着剤で接着する。釘がまっすぐ入っていることを確認しながら、ゲンノウの平らな面で叩いて打ち込んでいく。

3 残り1割程度になったら、ゲンノウを上下逆に持ち替え、丸みを帯びた面で最後まで打ち込む。

木ネジでとめる

電動ドリルドライバーを使えるようになると、作業効率が格段にアップします。

道具

Ⓐ 木工用接着剤
Ⓑ 電動ドリルドライバー
Ⓒ ドライバービット #2

・ POINT ・

電動ドリルは真上から垂直に押し込む力を入れながら、木ネジを打ち込む。力が弱いとネジ頭から外れ、真っすぐにしないとネジがつぶれる。

途中まで打ち込む

1 電動ドリルにドライバービットを装着し、下穴の位置に木ネジを抜けない程度まで打ち込んでおく。

合わせて打ち込む

2 組み合わせる木材を接着剤で接着する。電動ドリルを垂直に立て、木ネジを最後まで打ち込む。

● ダボ処理の仕方 ●

打ち込んだ木ネジの頭を隠し、表面を美しく仕上げる方法です。手間は少しかかりますが、見た目が大きく変わります。

道具

Ⓐ 電動ドリルドライバー　Ⓓ 木工用接着剤
Ⓑ ダボビット　　　　　 Ⓔ ゲンノウ
Ⓒ ドライバービット #2　Ⓕ ダボ切りノコギリ

ダボ穴をあける

1 ダボビットを装着した電動ドリルで、下穴と同じ位置にダボ穴をあける。

木ネジを打ち込む

2 木材を組み合わせ、ダボ穴の位置に木ネジを打ち込む。

丸棒をはめる

3 丸棒の先端をゲンノウで叩いて少しつぶす（木殺し）。市販のダボを使う場合はこの工程は不要。

4 ダボ穴に接着剤を入れ丸棒のつぶしたほうを差し込み、逆の端をゲンノウで叩いて押し込む。

ダボノコで切る

5 ダボ切りノコギリを木材に沿わせて動かし、丸棒の飛び出している部分を切る。仕上げにやすりをかける。

・ POINT ・

ダボ用ノコギリがない場合は、ノコギリと木材との間に少し厚みのある紙を挟んで切ると、あさりで木材を傷つけない。

ジグソーの使い方

曲線や切り抜きができる便利な工具。電動工具の中では比較的初心者でも扱いやすいです。

直線を切る

1 直線用ブレードを取り付け、ベースを木材に付ける。木材に刃があたらないところでトリガーを引き、スピードがあがったら切り始める。

2 本体が傾くとうまく切れないため、ベースが木材から離れないよう押し付けながら前へ進める。使用したばかりのブレードは熱いので要注意。

・POINT・

ジグソーのブレード(刃)は木材用、金属用、樹脂用などがあり、直線用、曲線用でも種類が違うので、用途に合わせたものを選ぶ。

曲線を切る

1 木材に切りたい曲線を鉛筆で描く。

2 曲線用ブレードを取り付け、直線の場合と同様に、線に沿ってゆっくりと切り進めていく。

3 カーブの向きが変わる度に、回り込んで体の向きも変えながら切り進める。

切り抜き加工

1 切り抜きたい形に線を引く。ドリルビッドを装着した電動ドライバーで、切り抜く形の対角線上の角に貫通穴をあける。

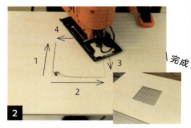

2 貫通穴にブレードを差し込み、穴を始点に切り進める。1辺を切ったら一度止めて穴に戻り、次の辺を切る。これを写真の番号順に繰り返す。

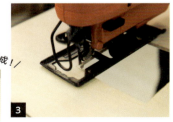

3 切り抜いた部分を外し、❷とは逆に角に向かって切り進め、残っている部分をきれいに切り取る。

電動丸ノコの使い方

厚い板や大量の木材を切るときに便利な電動工具。慣れていないと危険なため、中級～上級者向けです。

下準備

1 ベースプレートを動かして、刃が板の厚みから5mmほど飛び出るように切りこみ深さを調整する。

切る

2 先端の「0」と表示されたトップガイドを切りたい印線に合わせる。写真の場合、印線の向かって左側が切られていく。

3 丸ノコガイドをあて、木材にあたらない位置でトリガーを引き、スピードがあがったらガイドに沿って切り進める。

POINT

刃が木材からわずかに飛び出る程度でOK。刃を出しすぎるとバリが出るなど、切断面が粗くなる原因となる。

POINT

丸ノコの刃の厚み分（約2～3mm）、木材が削れてしまうので、使わない側に丸ノコの刃がくるようにガイドを合わせる。

4 上から押さえつける力を加えながら前へ押し出すようにして、最後まで切る。失敗したら、そのまま後ろに戻ろうとせず、一度止めること。

CAUTION！　丸ノコを使うときの注意！

⚠ ガイドを調整するときは必ずコンセントを抜く

刃の高さや角度、ガイド幅などを調整する際には、誤作動が起きてケガをしないように必ずコンセントを抜いておくこと。

⚠ 刃に巻き込まれないよう軍手はしない

刃に巻き込まれると事故のもとになるため、軍手はしないこと。また、袖口や首掛けタオル、髪の毛などにも注意。

⚠ 丸ノコの真後ろには絶対に立たない

もしものために、キックバックが起こってもケガをしないよう丸ノコの真後ろには絶対に立たない。後ろに人がいないかも確認する。

⚠ 台にする木材の位置でキックバックを防ぐ

切り落とした板に丸ノコの刃が挟まるとキックバックの原因に。切断箇所の左側に馬をかませ、かつ右側が長くならないようにする。

トリマーの使い方

ビットと呼ばれる部品をつけかえることで縁の装飾加工や溝彫りができます。中級〜上級者向けの電動工具です。

飾り彫りをする

1 飾り彫りをする側が作業台の端にくるように木材を置きます。振動が激しいため、しっかりとクランプで固定。

2 飾り彫り用のビットを先端にとりつける。電源を入れてから木材の端にトリマーをあて、ゆっくりと前に推し進めます。

・POINT・
切り始めは横からあててから前に進める。トリマーは外側に進もうとするので板側におしつける力と上からおさえる力を加えること。

溝を彫る

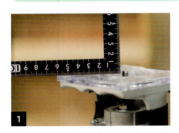

1 溝切り用のビットを取り付け、溝の深さに合わせてベースの位置を調整する。

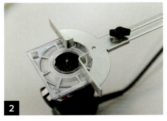

2 板の端から溝までの距離に合わせて、ストレートガイドを取り付ける。

3 ガイドとベースを板にあて、電源を入れてから切り進める。一度に彫る溝の深さは3mm程度。深くしたい場合は3mmを繰り返す。

CAUTION！ 木くず対策を忘れずに！

電動丸ノコやトリマーはおがくずが大量に出ます。事前に作業する場所の養生をしておくのはもちろん、こまめに床を掃除して滑らないように注意しましょう。

⚠️ **保護マスク＆防塵メガネ**
おがくずは空中を舞うため、鼻や口から吸い込んでしまったり、目に入ったりしないように、保護マスクと防塵用のメガネをかけるようにしましょう。

⚠️ **掃除機の故障に注意**
一般的な掃除機は大量のおがくずを吸い込むとフィルターの目がすぐに詰まり、そのまま使い続けると故障の原因にもなってしまうので注意が必要です。

ホームセンターのサービスを活用しよう！

電動工具はホームセンターでレンタル可能。また、店舗内にカスタマー用の工房を用意しているところもある。
→ **P187**

ペイントの基本

色を塗る作業はDIYの中でも楽しい工程のひとつ。
使用する塗料やペイントのアレンジで仕上がりが大きく変わる大事な工程でもあります。

基本の道具

スポンジバケ
塗ったときに毛の跡が残らず、ムラになりにくい。水性やオイル系に使用可能。

ハケ
家具や細かい箇所を塗るのに適している。水性用、油性用など塗料によって種類が違う。

ローラーバケ、トレイ
広い面をすばやく塗ることが可能。トレイの傾斜でローラーを転がし、塗料を均一にする。

ウエス
オイルやワックスを塗る・ふき取る布。使わなくなったハンカチやTシャツなどでもOK。

バケツ
大量に塗る場合に塗料を入れる容器。写真はネットで余分な塗料を落とせるタイプ。

マスキングテープ
ペイントしたくない箇所に貼り、養生するための道具。テープ幅の種類がいろいろある。

マスカー
マスキングテープにポリエチレンシートがついたもの。広い面を養生するのに便利。

ペイントの疑問 Q&A

Q ハケでキレイに塗るコツは？

A 初めて使うハケは最初に毛を整えて

新品のハケは毛が抜けやすいので、親指で毛をなでるようにして余分な毛を抜いておきます。一定方向にハケを動かすと仕上がりがきれいに。

Q 使用した道具の後片付けは？

A 使った塗料の種類によって違うので注意

水性塗料を使った道具は水で洗い流してOK。ハケやローラーは塗料が残っていると固まってしまうのでしっかり洗いましょう。油性塗料の場合、専用のペイント薄め液で下洗いした後、台所用洗剤を使って水洗いします。

Q 容器に出して余った塗料はまた使える？

A 密閉しておけば数日間は使用可能

トレイやバケツに出した塗料を、元の容器に戻すのはNG。翌日に二度塗りするような場合は、塗料の入った容器をラップやビニール袋などで密閉しておけば数日間は使えます。その際、ハケもペンキにつけておくなど乾かないように。

塗料の種類

木目を活かす

屋内用

ワトコオイル
植物油がベースのオイル仕上げ塗料。木材に浸透し、木の質感そのままに木目の美しさを引き出す。全8色

- 色つけ ○
- ツヤ △
- 保護 ○

オールドウッドワックス
布で塗り込むだけで古材のような雰囲気を出せる。匂いが少なく、やわらかいペースト状で塗りやすい。全10色

- 色つけ ○
- ツヤ △
- 保護 ○

ブライワックス
蜜ろうと植物油が主原料。布やスチールウールで塗り込むだけでヴィンテージ感のある仕上がりに。全14色

- 色つけ ○
- ツヤ △
- 保護 ○

水性ウレタンニス つや消し / 水性ウレタンニス
匂いが少なく扱いやすい水性塗料。乾くと塗膜ができて木材を保護する。木目を活かしながら耐久性を高めたい場合におすすめ。各8色

- 色つけ ○
- ツヤ ×
- 保護 ○

- 色つけ ○
- ツヤ ○
- 保護 ○

屋外用

油性ニス
耐久性・耐水性が高く、屋内外兼用だが、匂いが気になる人は屋内での使用は避けて。全11色＋つや消しクリヤー

エクステリアカラー
木目を活かしたエイジング塗装ができるステインタイプの屋外用水性塗料。絵の具のように色を混ぜてもOK。全12色

- 色つけ ○
- ツヤ ×
- 保護 ○

- 色つけ ○
- ツヤ ×
- 保護 ○

ローズガーデンカラーズ（ステインタイプ）
屋外用水性塗料では珍しい木材内部に塗料が浸透するステインタイプ。半透明仕上げで木材を保護する。全6色

- 色つけ ○
- ツヤ △
- 保護 ○

塗りつぶす

ミルクペイント
DIY用に開発された天然由来の水性塗料。ミルクを原料にしたやわらかい色調とマットな仕上がりが特徴。全16色

- 色つけ ○
- ツヤ ×
- 保護 ○

フリーコート
屋内外兼用で圧倒的な色数を誇る水性塗料。控えめな3分ツヤなのでさまざまな用途に使いやすい。全312色

- 色つけ ○
- ツヤ △
- 保護 ○

ローズガーデンカラーズ（エナメルタイプ）
カラーバリエーションが豊富な屋外用水性塗料。スモーキーカラーが多く、適度な光沢感で落ち着いた印象。全34色

- 色つけ ○
- ツヤ △
- 保護 ○

基本の塗り方

塗装は特に難しい作業ではありませんが、きれいに仕上げるにはちょっとしたコツがあります。

エナメル系塗料（塗りつぶすタイプ）の塗り方

ハケで塗ると、ハケの跡が残ってしまうことがあります。そうならないようにするには、薄く塗り重ねることが大切です。広い面を塗るときは、ローラーバケやスポンジバケを使うと塗りムラが出にくくなります。

塗装する面にやすりをかけ、なめらかにする。

色が均一になるように棒などで塗料を底から十分にかき混ぜる。

使用する分を別の容器に出し、ハケの2/3程度に塗料をつける。色が濃ければ水性塗料は水、油性塗料は専用の薄め液で薄める。

まず角やふち、次に広い面を塗っていく。木目に沿ってハケを動かし、塗料はなるべく薄くのばすように。

塗料が乾いたら2度塗りする。

ワトコオイルの塗り方

ムラになりにくく、誰でも簡単に味のある仕上がりにできるため、DIYで人気が高いワトコオイル。木目に沿って塗りこむことで、塗りムラが出にくくなります。

塗装する面にやすりをかけ、なめらかにする。

色が均一になるよう容器を上下によく振り、トレイなどに使用する分を出す。

木目に沿ってハケまたはローラーで塗り、15～30分おく。不要な布に染み込ませて塗っても良い。

1度染み込んだオイルが浮き出てくるので、表面の余分なオイルをウエスでふき取る。

吸い込みの弱い部分を補正するように、1度目より薄めに2度塗りをする。1時間ほどおいて、ウエスでよくふき取る。

加工ペイント

DIYで作ったアイテムだけでなく、市販の家具や小物にも応用可能。インテリアがより楽しくなります。

アンティーク風

材料　ミルクペイント
- Ⓐ クリームバニラ
- Ⓑ アンティークメディウム

1 塗装したい面をやすりがけし、好みの水性塗料を塗る。乾いたら二度塗りする。

2 アンティークメディウムをスポンジにつけ、少しずつ、こすりつけるように塗り重ねる。

3 塗料を布でのばして広げる。好みの風合いになるまで、❷❸を繰り返す。

クラッキング

材料　ミルクペイント
- Ⓐ クリームバニラ
- Ⓑ クロコダイルグリーン
- Ⓒ クラッキングメディウム
- ● ビンテージワイン

1 塗装したい面をやすりがけし、下地となる好みの水性塗料を塗る。

2 所どころにアクセントとなる色をスポンジで叩くように重ね塗りする。完全に乾くまでしばらくおく。

3 クラッキングメディウムを乾いたハケで全体に均一に塗る。触ると少し粘着感が残る程度まで乾かす。

4 仕上げに下塗りとは別の色を、ハケでひび割れを起こしたい方向に塗る。

5 仕上げ塗りは重ね塗りしないよう注意。ひび割れ始めた箇所に重ねるとひび割れが起きなくなる。

6 9割乾燥したらアクセントカラーを塗った箇所を中心に、ガムテープを軽くあて塗料を少しはがす。

タイルの基本

家具やインテリアのデザインアクセントとして人気のタイル。
基本の貼り方を覚えて、自分なりのアレンジに挑戦してみましょう！

タイルの種類

■ モザイクタイル

50mm角以下の小さなタイル。四角や丸、多角形などさまざまな形がある。オリジナルの模様を作りたい場合はバラのタイル、広い面積に貼る場合は30cm四方のシート状のものを使う。

■ アフリカン／モロッカンタイル

モロッコやチュニジアなど北アフリカで作られているタイル。ヨーロッパと中東の文化が融合した幾何学的な模様とカラフルな色合いが特徴。アクセントタイルとして使ってもおしゃれ。

■ アクセントタイル

ワンポイントで使用するのにおすすめの柄タイルやライン状に並べて使える連続柄の細長いタイルなど、空間にアクセントをつけるデザインタイル。立体的な装飾が施されたものもある。

接着剤も目地材もいらない「タイルシール」

 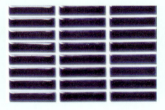

タイルの裏がシールになっている便利アイテム。目地ももともと付いているか、ネット状になっているものをはめるだけ。タイル貼りの手間や時間を格段に縮小できる。

タイルの基本の貼り方

バラタイルを一つひとつ貼る工程や目地材が乾燥するまでの時間はかかりますが、作業は簡単です。

道具

Ⓐ タイル接着剤
Ⓑ ヘラ
Ⓒ マスキングテープ
Ⓓ タイル目地材

Ⓐ　Ⓑ　Ⓒ　Ⓓ

タイルを貼る

1
タイルを仮置きし、並べ方を決める。同じサイズのトレーをもう一つ用意しておくと便利。

2
外側の1列分にタイル接着剤を出し、❶の仮置きから一つずつ移して貼る。外側は目地分の隙間をあけておく。

3
同様にして、外周から内側に向かって、模様を間違えないよう1周ずつ貼り進めていく。

4
すべてのタイルを貼り終えたら、接着剤が完全に乾くまでしばらくおく。

5
目地材がつかないよう木枠の周囲のタイルの高さより上をマスキングテープで養生する。

目地材を作る

6
手袋をして、密閉式ポリ袋に目地材を入れ、水を少しずつ加える。

7
袋を閉じ、水加減を調整しながら両手でよく揉む。味噌くらいのかたさになったらOK。

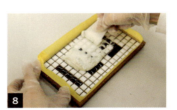

8
❺のタイルの上に目地材をのせる。ヘラを使い、タイルの隙間を埋めるように塗り込む。

仕上げ

9
目地材が完全に乾く前に、ウェットティッシュで余分な目地材を軽くふき取る。

10
周囲のマスキングテープを目地が剥がれないようにゆっくりとはがし、目地材がかたまるまでおく。

11
やわらかい布でタイルの表面に薄く残った目地材を磨くようにふく。

12
よく磨くとツヤが出て、きれいな仕上がりに。

ホームセンターの使い方

ネット通販でなんでも買える時代。でも、DIYの強い味方、ホームセンターは
ただモノが揃うだけではないのです！ 便利に使って、DIYライフを充実させましょう。

取材ご協力店舗
ユニディ狛江店
東京都狛江市和泉本町 4-6-3
☎ 03-5438-5511
www.uniliv.co.jp

道具から材料まですべてが揃い、DIYに便利なサービスも充実

　正面の入り口を入ると目の前に「DIY スタジアム」の看板が飛び込んでくるユニディ狛江店は、数あるホームセンターの中でも DIY に力を入れている店舗の一つ。広いフロアをぎっしりと埋め尽くす品揃えは、プロの職人たちも足しげく通うと言います。そんな彼らに対応できるスタッフの豊富な知識も心強い限り。まさに、それがホームセンターのいいところです。わからないことがあれば、その場でスタッフに聞いて解決できます。

　おすすめの回り方は、まず木材売り場で木材を決めること。先に購入して木材カットサービスを頼み、待っている間にその他のものを揃えれば時間を有効に使えます。このように DIY に役立つサービス（→ P187）が利用できるのもホームセンターならではです。

電動工具売り場

初心者用からプロユースまで電動工具が並びます。ユニディ狛江店は電動工具メーカー「マキタ」のほぼ全種類が置いてあるほどの品揃え。実際に持った感覚も重要なので、いくつか触って比べてから選びましょう。

木材売り場

DIYでおなじみの素材から珍しい樹種まで揃っています。専用の大きなカートを使えば、女性でも運搬可能。選ぶときには歪みや反りがないかの確認を忘れずに。

木材の歪みチェック

木材を斜めに持ち、上から確認

木材の端を床につけ、もう一方の端が自分の胸元あたりにくるよう斜めに持ちます。上の木口側から木材を見ると、歪みや反りがわかりやすいです。

床に倒して置き、ぐらつきを確認

木材を床に寝かして置きます。極端に反っている木材はその時点でわかるはずです。片方の端を床に向けて押したとき、ぐらつくようであれば、反っていることになります。

金物売り場

釘や木ネジなど金属系の材料が揃うコーナー。種類やサイズ、量がさまざまなので用途に合わせて選べます。釘や木ネジは失敗する可能性も考え、多めに用意して。

アクセサリー・パーツ売り場

引き出しのレールやウォールバー、L字金具、キャスターなど、アクセサリー類も種類が豊富。アイデア次第で本来の用途以外の使い方ができるのもDIYの魅力。

塗料売り場

仕上がりを左右する塗料もたくさんありすぎて迷うほど。DIY向けの塗料も年々、種類が増えています。塗料の種類についてはP180参照。

ホームセンターの便利なサービス

DIYにかかる労力や時間が大幅に削減できるホームセンターのサービス。しかも木材カットサービスは自分で切るより正確できれい、プロのスタッフにすぐ質問できるのも安心です。

木材カットサービス

ユニディ狛江店では、垂直な直線切りであれば縦横どちらも対応。店舗によっては縦割り（長い木材を縦に切ること）に対応していないところもあります。

加工申込書に自分で木取り図を書いて申し込みます。1カット単位で値段が設定されています。

電動工具レンタル

頻繁に使わないなら、電動工具のレンタルを利用すると便利です。電動ドリルドライバーやインパクトドライバーはもちろん、丸ノコやジグソーなども借りられます。レンタル料金は工具ごとに異なります。

お客様工房（レンタル工房）

店舗によっては、購入した材料を自分で加工できるレンタル工房を用意しているところもあります。自宅では作業スペースが確保できない場合や、おがくずが大量に出るような作業のときなどに利用すると便利です。

その他の便利なサービス

軽トラックを1時間まで無料で貸出してくれるサービスや、購入した商品を配送してくれるサービス（配送料必要）もあります。車を持っていないからとDIYをあきらめていた方も、ホームセンターのサービスを使えば大丈夫です。

※上記のサービスは2019年現在のものです。内容は変更する場合もございます。

ワークショップを開催「DIYスタジアム」

ユニディ狛江店の「DIYスタジアム」ではほぼ毎日のように初心者向けのワークショップを開催しているほか、デザイン性の高い取っ手などDIY向けのアクセサリー類も多数揃えています。

道具の使い方や技術を覚える

ワークショップでは工具を借りられるので手ぶらで参加OK。まずはここで技術を学んでから、自宅で挑戦できます。

ワークショップの作品例

ミニチェア、スツール

それぞれ組み立てて、ペイントするまでを体験。スツールでは少し高度な「相欠き継ぎ」も教えてくれます。

キャスターBOX、壁のペイント実演

収納BOXではキャスターの付け方を練習。写真奥の壁を使ったペイントの実演も度々行われています。

組手で作るミニシェルフ

木枠の中の十字部分は、釘や木ネジを使わず、木材を加工して組み合わせる「組手」という技術を使用。

壁掛けテレビ、賃貸でもできるDIY棚

近年、問い合わせが多いのが壁掛けテレビのDIY。賃貸住宅でもパーツを使って棚を取り付ける方法なども紹介しています。

DIYスタジアム講師

（P168-184 DIYの基本監修）
掃部関真紀さん

DIYアドバイザー。ホームセンターユニティDIYスタジアム講師。著書『女子DIYの教科書』(講談社)のほか、監修多数。

DIY用語集

DIYでは木工や建築、内装の専門用語が使われることがあります。
よく見かける用語を覚えておきましょう。

相欠き継ぎ [P89、102、104]

木材同士を半分ずつ切り取って、凹と凸の部分をはめ合わせてつなぐ方法。木材の厚みに収まるため、仕上がりがきれいになる。

足場板 [P77]

建設現場や工事現場の高所作業などで使われる板材。近年、使用後の足場板をDIYの材料として再利用することが定番化。使い込まれた雰囲気が人気。

当て木

材料の木材や作業する場所を傷つけないように当てて使う端材。木材を金づちで叩いて溝や穴にはめる場合や貫通穴をあける場合などに使う。

現物合わせ [P25、164、174]

差し金やメジャーでサイズを測るのではなく、実際につなぎ合わせる木材を使用して位置を決めること。「現物合わせで印を付ける」などと使われる。

コンパネ [P140]

コンクリートパネルの略。コンクリートの型枠として用いられる合板で、耐水性が高い。安価で丈夫だが、見た目があまりよくないので用途は限られる。

逆目 (さかめ)

木目の向きと逆になっていること。逆目にカンナをかけるなど刃物で削ると、表面がささくれ立って荒くなる。反対の方向を「順目」と言う。

実 (さね) [P158]

板材をつなぎ合わせる際に板材の側面に作る突起部分。フローリング材では、凸部分を雄実 (おざね)、凹部分を雌実 (めざね) と言う。

ソーガイド [P34、102]

ノコギリで木材を正確に切断するための補助道具。垂直に切るときだけでなく、斜め切りや傾斜をつけた切断を行えるものもある。

ダボ

木材同士をつなぎ合わせる際に使用する小さい丸棒。木ネジの頭を隠したり、棚受けとして用いたりもする。「ダボ穴」は、ダボを差し込む穴。

蝶番 (「丁番 (ちょうばん)」とも言う)

扉やふたなどを開閉するために取り付ける金具。一般的な「平蝶番」のほか、取り付け後も扉を外せる「抜き差し蝶番」など、さまざまな種類がある。

順目 (ならいめ)

木目の向きと同じ方向。順目に削ると削りやすく、表面がなめらかできれいに仕上がるので、カンナなどは順目にかける。「倣い目」とも書く。

根太 [P156]

住宅の床を支えるために床板の下に配置する横木のこと。一般的には、根太の上に下地材となる合板を敷き、その上にフローリングを張る。

ほぞ組み [P64]

一方の木材に凸型の突起 (ほぞ) を作り、もう一方の木材にほぞが入るほぞ穴を作り、ほぞ穴にほぞを差し込んで接合する方法。

面取り

紙やすりやカンナなどで木材の角を削り、丸く加工すること。見栄えよく仕上げたい場合や、ぶつかったときの怪我を防止するために行う。

モールディング [P77、136、142、160]

扉や額縁などの装飾材。細長く連続した形状で、床と壁を仕切る巾木、天井と壁の境目を仕切る廻り縁、腰壁の見切り材などにも使われる。

養生 [P27、134、146、154、161、179]

塗装や木工作業をする際に、汚したり、傷をつけたりしたくない部分を保護すること。マスキングテープやマスカー、ブルーシートなどを使用する。

Designer's Profile

sora-rarara

働きながら3人のお子さんを育てるママさんDIY作家。子ども用の家具を制作したのをきっかけに、ご夫婦でDIYにハマり、現在では大物から小物まで何でも手作りするように。木のぬくもりを活かしたナチュラルでキュートなデザインを得意としている。

RoomClip／Room no. 215706

末永 京

DIYアドバイザーとして、ワークショップ講師、住宅や店舗のリフォーム相談・施工、DIY関連の記事監修・執筆などを行う。2017年には埼玉県川口市に「インテリアを楽しむカフェ ToiToiToi」をオープン。DIY用品の販売も行っている。

ameblo.jp/kuricoroom
toitoitoidiy.com

go slow and smile

家具の制作だけでなく、フローリング張りや漆喰塗り、ときには家の壁をくり抜く大胆なリフォームで、自宅をセルフリノベーション。湘南にあるスタジオで古材や流木等を使った木工作品、インテリア雑貨を制作し、ネット販売している。

minne.com/@goslowandsmi

Hisayo

築35年の中古マンションを自分好みのテイストでリノベーション。木工教室で磨いた技術を活かし、完成度の高い北欧風家具や小物を制作している。雑貨選びのセンスやグリーンを取り入れた空間作りにも定評があり、多くの女性の支持を集める。

RoomClip／Room no. 481033
ameblo.jp/tukuritainenn

ゆぴのこ

5年前にDIYをスタート。現在ではネットショップ「Y.P.K.WORKS」でオリジナル家具の受注販売を行うほか、ワークショップ講師などDIYクリエイターとして幅広く活動。著書に『yupinoko's DIY&INTERIOR STYLEBOOK』(メディアソフト)。

instagram.com/yupinoko/
ypkworks.com

奥野敦子

週の半分以上は100円ショップに通うという、100均リメイクのスペシャリスト。女性誌の公認インスタグラマーを務めるなど、複数のウェブサイトでDIYやお菓子作りの情報を発信している。毎日更新の自身のブログ「ほっこりシアワセ時間」も人気。

ameblo.jp/pokapoka-hidamari4

川名恵介

ものづくりの趣味が高じてDIY作家に。雑貨や家具、リフォームまで幅広く手がける。制作現場の様子を綴ったブログ「99% DIY」は各工程の詳細な写真付き、失敗経験や苦労話も満載でわかりやすいと人気に。グリーンを活かした空間づくりも得意。

99diy.tokyo

作品制作	sora-rarara、末永 京、go slow and smile、Hisayo、
	ゆぴのこ、奥野敦子、川名恵介
撮影	八田政玄、菅井淳子
デザイン	雪垣絵美（H.D.O.）
イラスト	稲村 穣　渡邊信吾　松本菜央（ウエイド）、芦野公平
撮影協力	TileLife（P182 タイルの種類）TEL 072-429-9000
	D.I.Y. TILE（P182 タイルシート）TEL 03-6685-1685
編集協力	嘉藤美保子　長島恵理　吉田佳代子（KWC）

本書に掲載の作品を複製して、許可なしに店頭及びネットオークションなどで販売すること、作り方を画像や動画にして公開することを禁じます。個人の楽しみの範囲でのみ、ご利用ください。

はじめてでもかんたん！ おしゃれ！
DIY家具＆リフォーム

編　者	ケイ・ライターズクラブ
発行者	若松和紀
発行所	株式会社 西東社
	〒113-0034　東京都文京区湯島2-3-13
	https://www.seitosha.co.jp/
	電話　03-5800-3120（代）
	※本書に記載のない内容のご質問や著者等の連絡先につきましては、お答えできかねます。

落丁・乱丁本は、小社「営業」宛にご送付ください。送料小社負担にてお取り替えいたします。
本書の内容の一部あるいは全部を無断で複製（コピー・データファイル化すること）、転載（ウェブサイト・ブログ等の電子メディアも含む）することは、法律で認められた場合を除き、著作者及び出版社の権利を侵害することになります。代行業者等の第三者に依頼して本書を電子データ化することも認められておりません。

ISBN 978-4-7916-2451-5